O Município Cachimbo e o Prefeito Linguiça

UM BRASIL QUE INSISTE EM NÃO DAR CERTO POR CONTA DA QUEIMA
DE DINHEIRO NAS PREFEITURAS

Editora Appris Ltda.
1.ª Edição - Copyright© 2024 do autor
Direitos de Edição Reservados à Editora Appris Ltda.

Nenhuma parte desta obra poderá ser utilizada indevidamente, sem estar de acordo com a Lei nº 9.610/98. Se incorreções forem encontradas, serão de exclusiva responsabilidade de seus organizadores. Foi realizado o Depósito Legal na Fundação Biblioteca Nacional, de acordo com as Leis nos 10.994, de 14/12/2004, e 12.192, de 14/01/2010.

Catalogação na Fonte
Elaborado por: Josefina A. S. Guedes
Bibliotecária CRB 9/870

P839o 2024	Porto, Bira
	O munícipio de Cachimbo e o prefeito Linguiça: um Brasil que insiste em não dar certo por conta da queima de dinheiro nas prefeituras / Bira Porto. – 1. ed. – Curitiba: Appris, 2024.
	180 p. ; 23 cm.
	Inclui referências
	ISBN 978-65-250-6017-0
	1. Política econômica. 2.Economia – Brasil. 3. Retrocesso. 4. Reversão. I. Porto, Bira. II. Título.
	CDD – 330.9

Editora e Livraria Appris Ltda.
Av. Manoel Ribas, 2265 – Mercês
Curitiba/PR – CEP: 80810-002
Tel. (41) 3156 - 4731
www.editoraappris.com.br

Printed in Brazil
Impresso no Brasil

Bira Porto

O Município Cachimbo e o Prefeito Linguiça
UM BRASIL QUE INSISTE EM NÃO DAR CERTO POR CONTA DA QUEIMA DE DINHEIRO NAS PREFEITURAS

FICHA TÉCNICA

EDITORIAL	Augusto Coelho
	Sara C. de Andrade Coelho
COMITÊ EDITORIAL	Ana El Achkar (UNIVERSO/RJ)
	Andréa Barbosa Gouveia (UFPR)
	Conrado Moreira Mendes (PUC-MG)
	Eliete Correia dos Santos (UEPB)
	Fabiano Santos (UERJ/IESP)
	Francinete Fernandes de Sousa (UEPB)
	Francisco Carlos Duarte (PUCPR)
	Francisco de Assis (Fiam-Faam, SP, Brasil)
	Jacques de Lima Ferreira (UP)
	Juliana Reichert Assunção Tonelli (UEL)
	Maria Aparecida Barbosa (USP)
	Maria Helena Zamora (PUC-Rio)
	Maria Margarida de Andrade (Umack)
	Marilda Aparecida Behrens (PUCPR)
	Marli Caetano
	Roque Ismael da Costa Güllich (UFFS)
	Toni Reis (UFPR)
	Valdomiro de Oliveira (UFPR)
	Valério Brusamolin (IFPR)
SUPERVISOR DA PRODUÇÃO	Renata Cristina Lopes Miccelli
PRODUÇÃO EDITORIAL	Sabrina Costa
REVISÃO	Marcela Vidal Machado
DIAGRAMAÇÃO	Amélia Lopes
CAPA	Eneo Lage
REVISÃO DE PROVA	Jibril Keddeh

Às mulheres da minha vida, Geralda, minha companheira, que cuida das minhas crias; Samantha e Sophia (minhas princesas), e Ravi, meu peão. A Yago Batista, Fernando Augusto e Gean, meus afilhados, e à Carol Maia, minha afilhada querida. Aos meus irmãos Leici, Netilde, Gilberto, Gilda e Leonardo. Em especial à minha tia Ana, por me fazer acreditar em mim mesmo, e Agostinho, o meu tio Nêgo. Aos meus sobrinhos e uma legião de primos. Família é um bem e não uma propriedade.

AGRADECIMENTOS

Aos mestres jornalistas Miguel de Oliveira, Rodolfo Ortriwano e Celso de Freitas.

Aos colegas José Roberto Antônio, Jaime Silva, Paulo Souza, Edu Pinto, Beto Augusto, Mirian Nunes, Samantha Cabral e aos heróis da resistência.

Aos amigos Alair Araujo, Edson Zago, Edgard Neguinho, Eisenhower Cursino, Luiz Maia, Jesiel da Resenha, Marcos Crescêncio, Josival e Paulo Sérgio Vicente.

À minha agente literária Dione Kehl, Sabrina Costa e Augusto Coelho, por acreditarem que o Brasil ainda tem conserto e por não pouparem esforços para que esta contribuição se tornasse realidade.

APRESENTAÇÃO

A Terra do Faz de Conta

Nem tudo o que se vê no Brasil é o que se pensa. Mas a realidade serve para encobrir o que, de fato, é real. O Brasil é o maior arrecadador de impostos do lado de baixo do mapa do sul das Américas, o que deveria ser traduzido em qualidade de vida e desenvolvimento econômico, mas não é isso o que acontece. Mesmo ajuntando tanto dinheiro, o Brasil figura entre os países de mais baixos índices de desenvolvimento humano (IDH). Esse fato poderia ser atribuído à falta da presença do Estado brasileiro junto ao seu povo, mas quanto mais o Estado se aproxima, mais sofrimento causa ao contribuinte pagador de impostos, porque a presença do Estado, em vez de atenção social, é vista como usurpadora do dinheiro público. O discurso arredondado canaliza a culpa para as interferências externas do mundo globalizado, enquanto a classe política posa de dona do mundo tupiniquim, promovendo verdadeira queima de dinheiro público, e prefeitos com os bolsos sem fundos, os quais nunca se enchem.

O Município Cachimbo e o Prefeito Linguiça: um Brasil que insiste em não dar certo por conta da queima de dinheiro nas prefeituras tenta esclarecer que o Estado brasileiro não precisa de tantos prefeitos para governar tão pouca gente. Menos de 5% da população brasileira (9 milhões e 460 habitantes) é governada por quase a metade (44%) das prefeituras espalhadas pelo Brasil. É prefeito de mais atrapalhando a vida do brasileiro, porque o corpo político da administração das cidades tem um elevado custo de manutenção, o que impede que os recursos gerados pelo pagamento de impostos se transformem em benefícios ao cidadão. Entre as sugestões estão a extinção do município, a mudança na estrutura de governança ou a transformação do município em autarquia, dando autonomia para produzir recursos para sua manutenção e não mais os repasses de dinheiro público como Fundo de Participação dos Municípios, os quais se perdem pelo caminho e nem sempre chegam ao principal interessado: o cidadão contribuinte do Tesouro Nacional.

SUMÁRIO

INTRODUÇÃO...13
   Correndo atrás do próprio rabo...13
   Brasileiro, profissão esperança..14

1

O MUNICÍPIO CACHIMBO E O PREFEITO LINGUIÇA.............................17
   Função do cachimbo..20
   O prefeito é linguiça...22

2

LICITUDE ILÍCITA..25
   Poderes auxiliares..28
   O Parlamento que não "parla"..31

3

MOSAICO À BRASILEIRA..35

4

FRUTOS DA TERRA...42

5

BOCA TORTA POR USO DE CACHIMBO..45

6

MARQUE A BOIADA E FECHE O CURRAL..48

7

A FICHA QUE NÃO SUJA..50
   A cruz como sinal da maldição e a grade como redenção.................52

8

O TAMANHO DO ESTADO E SUA EFICIÊNCIA......................................55
   Rompendo fronteiras...59
   Adeus, pau de arara...61

9
FERROVIAS PELO BRASIL 63

Trem-bala 65

10
DESCENTRALIZAÇÃO 68

11
TERRA DE BICHOS DO MATO 70

12
CAFÉ COM LEITE 74

13
SUSTENTABILIDADE MUNICIPAL 76

Sustentabilidades: social, ambiental e econômica 79

14
UM SONHO MULTINACIONAL 82

Entenda a história 83

A Ford na Bahia 84

Jac Motors 85

Inovar-Auto 87

15
CIDADE SUSTENTÁVEL 89

Cidade inteligente 90

16
RESPOSTA POPULAR 94

O que foi notícia 96

17
UM ESTADO SEM IDENTIDADE 97

Direita vou ver 98

A Direita sem direitos e canhotos 102

Pobre de direita e rico de esquerda 103

Arestas da anistia 106

18
QUE REI SOU EU? 108

Origem do presidencialismo. 109

19
PRIMEIRA CONSTITUIÇÃO 111

Democracia reinventada 112

Receita portuguesa. 114

Invenção brasileira 115

Presidencialismo no Brasil 116

Estado enxuto. 118

Espelho ofuscado 119

20
PETROBRÁS RETOMA A PRODUÇÃO DE FERTILIZANTES NO PARANÁ E NO MATO GROSSO 124

21
ABERTA A TEMPORADA DE CAÇA AO ELEITOR 127

O que valia e o que não valeu. 129

Venda de refinaria da Petrobrás é questionada no TCU 132

Defasagem de preço. 132

22
EM BUSCA DO MODELO IDEAL 134

Monarquia republicana 138

Um novo mundo. 141

23
RENASCIMENTO À BRASILEIRA 143

Um Estado em picadinhos. 145

Curral eleitoral 147

Cidade rica com povo pobre 148

"Me engana que eu gosto" 151

O cerne do desenvolvimento. 153

24

MUNDO SEM DONO 156

Para que serve um vereador? 158

25

O ESTADO NECESSÁRIO 161

Reforma política 162

Reeleição 163

Coronelismo digital 165

26

QUAL É A SUA, MEU REI? 169

27

RESUMO DE TUDO 171

Corrupção institucionalizada 172

Gabinete de crises 175

Dinheiro fácil 176

REFERÊNCIAS 178

Outras fontes consultadas: 179

INTRODUÇÃO

Correndo atrás do próprio rabo

A maior carga tributária do sul do continente americano consegue render ao Brasil cerca de R$ 3 trilhões a cada ano, sendo isso subtraído das forças de trabalho do brasileiro, que é obrigado a trabalhar cinco meses por ano para pagar impostos e financiar a manutenção da máquina do Estado. Parece não ser muito dinheiro – e na verdade o é –, porque o governo brasileiro vive enfrentando dificuldades para manter as contas em dia. Ainda que as regras do pacto federativo pré-determinem a quantia que cabe a cada ente federado, alegam que o dinheiro não consegue ser suficiente, enquanto o cidadão, que paga os impostos, não recebe o retorno do seu investimento obrigatório. O que o brasileiro tem é educação fraca, assistência à saúde precária, além de viver enjaulado, com grades nas portas e janelas para proteger sua integridade física porque não tem segurança.

E agora? Para que pagar tanto imposto se não se recebe nada em troca? A resposta está lá no município. Quem está de fora vê o Brasil como um cachorro correndo atrás do próprio rabo. Embora se abstenha da responsabilidade, a administração pública no Brasil se dá em linha vertical, escorrendo da parte superior (governo federal) até a ponta da bica (prefeituras), e passa por vários entrepostos até chegar aos anseios e direitos do cidadão, o principal interessado e a razão da existência do Estado de Direito.

Tudo poderia funcionar perfeitamente conforme o desenho. Acontece que projetaram um modelo de governança que foi sofrendo reduções com o mesmo formato de funcionamento, mas com uma matemática confusa que não segue a proporcionalidade de interesses e direitos do pagador de impostos.

O Estado republicano e presidencial brasileiro dividiu-se em Estados republicanos menores, que, por sua vez, foram fragmentados em minirrepúblicas municipais menores. Em cada fragmento existe uma estrutura política de governança que funciona como um anteparo aos direitos do cidadão. Os benefícios proporcionados pelo dinheiro oriundo dos impostos dificilmente chegam ao principal interessado porque a estrutura política tem prioridades. Há municípios no Brasil que não têm condições de manter uma escola e uma unidade básica de saúde, mas mantêm uma Prefeitura (presidência), Câmara de Vereadores (Parlamento) e um Secretariado (ministério).

Fala-se muito no Brasil e é até exigência da classe empresarial a redução da carga tributária para facilitar a vida do brasileiro. Ainda que a nova política tributária brasileira tenha sido simplificada, dentro da realidade brasileira é muito alta e o sonho da redução só será possível com uma transformação radical na estrutura de funcionamento e da metodologia da administração pública e política brasileira.

Brasileiro, profissão esperança

Nos últimos anos o Brasil foi tomado por um contrassenso patriótico ao desnudar a indefinição do nosso modelo de Estado. Isso vem à tona quando o país se divide ao meio, pondo patriotas de um lado e esquerdistas do outro, e o modelo de governança passa a ser a destruição de um pelo outro e não mais a construção de um país melhor de se viver. Os patriotas se apossam da bandeira nacional se autointitulam conservadores, declaram guerra aos progressistas, ainda que envoltos na bandeira nacional com o enunciado "Ordem e Progresso", contrapondo-se até ao ideal positivista de Augusto Comte, que tinha o amor por princípio, a ordem por base e o progresso por fim. O amor, ora declarado à pátria, vira combustível para incendiar a desordem num confronto direto contra o progresso. A confusão formada entre progressistas e conservadores, ou esquerda e direita, só serviu para confundir o cidadão no exercício da cidadania, porque não consegue entender qual dos dois lados tem a receita ideal para enfrentar a realidade e resolver as questões sociais que afligem a vida do brasileiro que trabalha, paga impostos e espera alguma resposta dos governantes do Estado democrático.

Esse período serviu para o brasileiro parar, refletir e procurar entender por que o país não dá um passo à frente, não obstante o seu vigor físico nutrido pela ceiva brotada do seu fértil solo, irrigado pela abundância de chuvas e rios, e ainda confortado pelas amenas e agradáveis temperaturas durante as quatro estações do ano. A conclusão que se tem é de que o Brasil é um país mal pensado na sua construção e direção, dada a forma como foram elaboradas as normas e receitas do seu funcionamento.

O sonho de consolidação de uma economia de mercado e um mercado consumidor pujante pode ser mera questão de tempo de se realizar, uma vez que a velocidade da máquina não permite ser imprimida porque o pavimento do caminho por ora é obstruído.

Os períodos de prosperidade da economia brasileira nunca passaram de breves intervalos, sempre comparados a "voos de galinhas" pelo seu curto espaço de tempo, para reforçar o clichê "alegria de pobre dura pouco". Ao observar o andamento da máquina chegamos à conclusão de que o Brasil não consegue andar a uma velocidade ideal porque o caminho está obstruído por máquinas menores do mesmo formato. Uma República menor na frente da República maior vai congestionar o caminho e a máquina não conseguirá chegar a tempo ao destino escolhido. O Brasil precisa criar novas trilhas para estados e municípios para abrir caminho para a máquina principal. O primeiro passo é refazer a trajetória política de cada um. Município para um lado, estado membro para outro e liberar a locomotiva estatal para conduzir o país rumo ao futuro.

O Estado federal ocupa-se demais com questões pequenas e regionais de estados e municípios e se esquece da sua missão principal, que é a promoção do progresso, desenvolvimento econômico e da infraestrutura do país. O excesso de minis e microgovernantes, que não governam nada, só obstrui o curso da história.

O ponto de partida para o desenvolvimento pode e deve ser o município. Mas se o prefeito não se manifestar de forma positiva, deve-se tirar o prefeito da frente o extinguir o município. O político brasileiro ocupa-se demais fazendo política e se esquece de governar. Mais trabalho pode resultar em menos impostos, porque em alguns casos os impostos podem se tornar desnecessários, se o fruto do trabalho gerar essa compensação. A classe de prefeitos de hoje transformou o município brasileiro em mero exportador de dinheiro, porque desconhece que cada ator estatal precisa produzir o que o seu povo consome. Quando se exporta dinheiro, automaticamente se importa a miséria e a violência. Menos impostos poderá gerar mais riqueza, porque a parte que se destinaria ao custo político poderia sobrar para outros investimentos, inclusive no sistema produtivo.

O Brasil precisa deixar de ser o país das facilidades. Os municípios que foram criados para levar a assistência do Estado ao contribuinte foram transformados em um agente consumidor de dinheiro público, tal qual um cachimbo que queima fumo e exala fumaça. A redução da carga de tributos nunca será possível diante de uma faminta classe política ávida por dinheiro público, enquanto prega que o sustento do Estado deva se dar pela riqueza gerada como fruto do trabalho.

1

O MUNICÍPIO CACHIMBO E O PREFEITO LINGUIÇA

Os municípios brasileiros foram colocados em terceiro plano, dentro da escala geopolítica, simplesmente por culpa do espaço que ocupam no território nacional. Ficando os estados membros em segundo e em primeiro a União, porque engole todos. Essa divisão promove o espaço físico como parte superior em detrimento do povo, que o ocupa e faz uso do seu solo. O Pacto Federativo, deliberado pela Constituição de 1988, empurra o município para a ponta da fila da distribuição dos recursos federais, uma vez que o município tem o contato direto com o contribuinte, o legítimo dono do dinheiro.

Em 2022 toda a riqueza produzida no Brasil foi de cerca de R$ 9 trilhões, destinando ao contribuinte brasileiro o falso crédito de R$ 35 mil ao ano. Dessa importância, cerca de R$ 3,5 trilhões, ou seja, mais de um terço, vai para os cofres públicos. A partir de agora vamos tentar descobrir para onde vai tanto dinheiro.

Entre as várias definições do termo "política", uma delas é organizar. No entanto, no Brasil, ela existe para desorganizar ou, no mínimo, confundir. Diante de tanto dinheiro que entra nos cofres públicos – União, estados e municípios –, poucas atividades se desenvolvem no país, porque falta dinheiro. Do montante arrecadado, a maior parte é absorvida pela classe política e o que resta fica para as despesas obrigatórias e quase nada para investimentos na infraestrutura, em benefício do povo e do país.

O Brasil está dividido entre 26 estados, dois distritos – Brasília, o Distrito Federal, e Fernando de Noronha, autônomo – e 5.568 municípios, abrigando cerca de 212 milhões de brasileiros. É uma terra onde ninguém escapa de pagar impostos porque os tributos estão na maior parte dos produtos de consumo do mercado. No entanto, o dinheiro que sai do bolso do cidadão, na qualidade de imposto, não retorna ao contribuinte em forma de benefício, porque a maior parte é destinada à sustentação da classe política.

A Constituição de 1988 colocou o município como o terceiro membro da Federação, ou seja, o primo pobre da família, tendo à frente dele os estados e a União. Contudo, a ordem deveria ser inversa, porque, de acordo com a própria Carta Magna, no seu artigo 1°, o poder emana do povo, e em seu favor será exercido, por meio de representantes eleitos, uma vez que esse povo, antes de estar nos estados e no país, está no município, a ponta da linha da representatividade legal. Por conta dessa desordem, o povo fica em último plano na distribuição do dinheiro, que, entre tributos, royalties e participações, se aproxima da casa dos R$ 4 trilhões. A ordem da distribuição é a seguinte: enquanto a União fica com 58% e os 26 estados membros com 24%, os 5.568 municípios ficam com apenas 18%. Pode ser pouco em percentual, mas o montante pode ser incalculável, porque grande parte dos municípios não entra no rateio por conta da inoperância e insignificância da sua existência.

Antes de ser um ente federado, o município é um fragmento do território nacional, com todos os direitos que o Estado e a União têm sobre os recursos naturais e minerais do seu solo, subsolo. O rico chão brasileiro proporciona produzir o próprio sustento e promover o desenvolvimento social e econômico da sua gente. Entretanto, a filosofia liberal pregada no período da redemocratização impõe que o Executivo deva se preocupar apenas com as questões administrativas do governo, enquanto a parte produtiva ficaria a cargo da livre-iniciativa privada. Isso era reflexo dos traumas vividos durante o período dos governos militares, em que o governo federal, no afã de garantir a soberania nacional, se aventurou em refinar petróleo, laminar minério de ferro, fabricar locomotivas de trens, construir motores e caminhões, os quais não passaram de desastres industriais, servindo apenas de munição para os defensores do estado liberal e não mais empresário. Deixar a produtividade a cargo do setor empresarial seria uma forma de tornar mais eficiente a coisa pública e assim proporcionar melhor bem-estar social à população local.

Os debates acalorados, travados durante o Congresso Constituinte, ainda não esgotaram os argumentos dos dois lados – esquerdo e direito –, os quais só contribuíram para bagunçar ainda mais a cabeça do brasileiro, que até pouco tempo já não ouvia mais o lenga-lenga de tal dicotomia. Quando se estica a linha lá para a ponta do quarteirão, não se consegue mais desembaraçar o novelo da vida pública do político brasileiro.

A hegemonia da direita na política brasileira teve seu ciclo interrompido depois da abertura política em 1979, com a anistia dos exilados políticos do regime militar. A transição para o ressurgimento da esquerda perdurou durante a década de 1980, quando a direita promoveu um verdadeiro fiasco com a eleição de Fernando Collor de Mello, dando margem para a ascensão das lideranças de esquerda, como Mário Covas, Leonel Brizola, Luiz Inácio da Silva, Miguel Arraes, Fernando Henrique Cardoso, chamado de FHC, entre outros que podem tomar muito espaço aqui. Contudo, a disputa pela hegemonia da esquerda abriu espaço para a direita se camuflar e não ficar de fora do poder. FHC promoveu uma verdadeira simbiose política, aliando-se a velhos caciques da direita, como Esperidião Amim (SC), Antônio Carlos Magalhães (BA), Marco Maciel (PE) e José Sarney, dando um inesperado xeque-mate na esquerda e se garantindo por duas eleições, com exceção do controle da inflação, sufocada por taxas de juros no espaço para conter uma taxa de câmbio esvoaçante, o que inibia qualquer avanço na área social. Ainda que a inflação estivesse controlada e o câmbio bem-comportado, o mercado não perdoava a confusa política tributária e o projeto de privatizações das empresas estatais. Na sequência apareceu o Partido dos Trabalhadores (PT), com Lula, que imprimiu uma política populista que, de certa forma, produziu parte da satisfação esperada, diante da saúde física do Brasil, e assim garantiu o silêncio da neurose esquerdista e direitista.

O que foi tomado como lição foram os maus exemplos, copiados de cima para baixo. Os escândalos de corrupção e malversação do dinheiro público se sucedem e o país não anda porque tem um corpo doente. Apesar de estar encostado num canto da Federação, o município é o coração do corpo do país. Não existe corpo sadio com um coração doente, assim como não existe um estado próspero com municípios decadentes.

Quando o então presidente francês, Charles de Gaulle, disse que o Brasil não era um país sério, a cúpula da política brasileira tomou como heresia, mas a frase de Gaulle continua surtindo efeito. O obscurantismo que prometia chegar ao fim fora reforçado com o ressurgimento do binômio esquerda-direita, mas com um adendo: mentira contrapondo a desinformação e desvio de conduta combatendo a corrupção, formando uma onda que parece ser a nova ordem da política brasileira, rumo às próximas eleições.

Função do cachimbo

Passar por intenso sofrimento, metaforicamente, no jargão popular, é se prestar ao papel de cachimbo. Embora esteja fora de moda, o tabagismo, ou o hábito de fumar, já foi sinônimo de status e até de glamour, quando a elite exibia cigarrilhas, piteiras, charutos e cachimbos nas altas rodas da sociedade. Mas nem isso serviu para tirar do cachimbo a pecha do martírio de levar fumo. Inventado pelos nativos dos Andes, o cachimbo era o principal instrumento de queima de tabaco durante os rituais religiosos, mas depois foi aperfeiçoado pelos ocidentais e ganhou o mundo. Para o fumante, a fumaça, proveniente da queima do tabaco, quando inalada, fornece alcatrão e nicotina ao organismo humano, dando a sensação de saciedade e prazer. No seio das tribos simboliza o fim de conflitos, quando celebram os acordos fumando o "cachimbo da paz".

Uma comparação, talvez grotesca, entre o município brasileiro e o cachimbo pode soar estranha, mas tamanha semelhança não consegue passar despercebida. O fumo introduzido no cachimbo, depois da queima, nem cinza produz. É todo reduzido a fumaça, a qual conduz as toxinas pelas vias respiratórias até o cérebro e, principalmente, o pulmão do fumante. Segundo estudos, as toxinas ultrapassam a casa das 7 mil. A exemplo do fumo do cachimbo, assim é o dinheiro dos impostos que chegam aos cofres do município: desaparece sem deixar cinza nem fumaça.

Das inúmeras comparações impostas aos municípios, além do cachimbo, a mais clássica é com a empresa privada. Numa empresa, que tem o lucro como objetivo, o gestor prima pela eficiência administrativa. Corte de despesas desnecessárias, melhoria da qualidade e do produto, seja ele serviço ou bem de consumo, para garantir a lucratividade almejada e assim ter um equilíbrio nas contas entre receita e despesa para garantir o superávit e evitar déficit.

A exemplo do Estado brasileiro, o município segue à risca toda sorte de irresponsabilidade. Já criaram a Lei de Responsabilidade Fiscal (LRF), mas por não dar conta do recado, em meados da década passada, o Congresso aprovou o Novo Regime Fiscal (NRF), também conhecido como Proposta de Emenda Constitucional (PEC) do Teto de Gastos. O imbróglio gerado por tudo isso vem da falsa impressão da obtenção de dinheiro fácil, já que não se fazem necessários investimentos nos instrumentos de captação de dinheiro, como mercadoria, ferramentas e capital. Ainda que esteja na rabeira do faturamento da coleta de impostos, o município, além de participar dos pacotes federal e estadual, tem o próprio meio de cobrança. Contudo, uma vez confuso o sistema de cobrança, também se torna nebulosa a forma como se gasta.

A divisão geopolítica brasileira colocou o município como uma república em miniatura. É um fragmento do território nacional com status de Estado. É gerido por um corpo administrativo, apesar de não constar o Judiciário, talvez por precaução, mas segue o arremedo de Estado com um Parlamento e um secretariado, que faz as vezes de ministério. Todo esse corpo administrativo, 5 mil vezes desnecessário, consome a maior parte do que se arrecada em impostos no país, atrapalhando o desenvolvimento da educação, assistência à saúde e de investimentos na produtividade e geração de emprego para a massa economicamente ativa do local.

São Paulo, com mais de 12 milhões de habitantes, é a maior cidade do Brasil. Por se tratar de uma capital de estado, pode ficar de fora de qualquer estatística negativa do ponto de vista da sustentabilidade. Altamira, no oeste do Pará, com 115 mil de habitantes, em termos de Brasil, é considerada uma cidade grande, mas o que chama atenção é a sua base territorial, que abrigaria cinco estados brasileiros – Paraíba, Alagoas, Rio de Janeiro, Espírito Santo e Sergipe – e ainda supera, em território, vários países do mundo, inclusive Portugal, que não figura entre os menores países do globo. A menor cidade brasileira é Serra da Saudade, que fica na Serra da Canastra, em Minas Gerais. A população de Serra da Saudade gira em torno de 800 habitantes. Apesar de não dispor de recursos suficientes para educação, saúde e segurança, a cidade mantém uma prefeitura, uma câmara de vereadores e um secretariado. O curioso é que um vereador pode ser eleito com apenas 40 votos. Os vereadores que foram eleitos para fiscalizar os atos do Executivo seguem fazendo vista grossa aos desmandos e os escândalos se sucedem. É comum os prefeitos utilizarem a estrutura pública como instrumento particular para manutenção do próprio patrimônio.

O prefeito é linguiça

Linguiça é um embutido inventado pelos primitivos alemães e copiado pelo mundo afora. Trata-se de uma técnica de conservação de carnes, nos tempos que não existia refrigerador. No Brasil fora trazida pelos portugueses e caiu no gosto do brasileiro, que utiliza essa iguaria em uma infinidade de receitas, sendo a principal delas o churrasco. A linguiça mais popular é de carne de porco, e há registros de que o animal dispõe de tripas suficiente para tragar toda a carne da própria musculatura e ainda sobrar tripa. É uma atividade pendular, tira a tripa de dentro do animal e o coloca de volta dentro da tripa.

A semelhança entre o prefeito e a linguiça está na forma como se embute a carne na tripa e o dinheiro público nas atividades do município. Vaidade, ganância, avareza, safadeza e incompetência, associadas à falta de planejamento, resultam na insuficiência de dinheiro necessário à manutenção das atividades do município. Escapar do jargão brasileiro

O Município Cachimbo e o Prefeito Linguiça

de que "prefeito pobre é prefeito burro" tem sido a preocupação maior que a realização de um governo a contento. Por isso é que o prefeito se transforma em uma linguiça que nunca se enche.

O estigma da administração pública brasileira se dá pela febre das eleições, que acontecem a cada dois anos. Nas eleições gerais, o político se candidata a deputado (federal ou estadual), para manter o nome em evidência visando às eleições municipais. Ganhar ou perder pouco importa, o objetivo é garantir uma das duas vagas. Por conta disso, muito dinheiro é derramado, seja em compra de votos, pseudolideranças e gastos excessivos para percorrer territórios em busca do contato com o eleitor. Uma série de mecanismos são utilizados, como caixa 2, saldo de caixa, sala-cofre e até dinheiro na cueca.

Um dos maiores escândalos já registrados foi um apartamento abarrotado de malas de dinheiro, mantido em Salvador, pelo ex-deputado Geddel Vieira Lima. O sonho de Geddel era ser governador do estado da Bahia, mas para atingir esse objetivo sabia que teria que gastar muito dinheiro. O primeiro passo foi utilizar o cargo de vice-presidente de Pessoa Física da Caixa Econômica Federal, para acumular dinheiro. O caso foi descoberto e o sonho de Geddel se desfez.

As eleições gerais e intermediárias, que se alternam a cada dois anos, foram criadas com o objetivo de politizar o eleitor brasileiro. Contudo, a tentativa tem produzido resultados de pura bizarrice. Tempos atrás o brasileiro recusou as propostas concebidas pela mente brilhante de Enéas Carneiro e até Celso Brant, com a proposta do Parlamento do terceiro mundo, para eleger o humorista Tiririca e até o ex-presidente Jair Messias Bolsonaro, exemplos de que a razoabilidade política fora posta de lado, dando destaque à preferência pessoal.

A democracia brasileira é nova e ainda não deu tempo suficiente para o amadurecimento político do eleitor. Por isso os políticos entendem que a saída é acumular dinheiro para convencer o eleitor no pleito seguinte, uma vez que o município não dispõe dos mesmos mecanismos dos governos estadual e federal, nos quais podem emitir títulos da dívida pública e irrigar emendas do Orçamento da União, que podem ser impositivas e até secretas.

Sem muitas opções de captação de recursos, os políticos municipais se valem de alguns meios para direcionar o orçamento público em seu favor. Entre eles figuram as emendas dos deputados nos orçamentos estadual e federal, depois vem o remanejamento do dinheiro do orçamento municipal. Para isso contam com a conivência dos vereadores, mesmo que ocorra o sacrifício do pedágio (também conhecido como Mensalinho). Prefeito esperto não faz obras que não rendam votos. A utilidade da obra é o que menos importa. O importante é que renda votos. Por exemplo, escolas não rendem votos. A obra que rende votos é a que sai bonita na foto. Uma rua asfaltada causa maior impressão que um colégio nos fundos do bairro da periferia.

A exemplo do cachimbo que transforma em fumaça todo o fumo que recebe, assim é o saco do prefeito com o dinheiro destinado aos seus cuidados. Além de sempre ter espaço para mais, como a massa muscular do porco, que não fornece carne suficiente para encher as próprias tripas.

2

LICITUDE ILÍCITA

Entre as diversas fontes de arrecadação da prefeitura figura o recurso das licitações. A licitação, como o próprio nome sugere, diz que serve dar legalidade na atividade prevista na atividade governamental. É o que deveria tornar a ação lícita. De fato, e de acordo com a lei, a ação se torna lícita. Não pela licitude, mas pelo caminho que se segue para que pareça lícita.

Trata-se de um procedimento administrativo formal e uma regra que se estabelece de forma prévia às contratações de serviços aquisição de produtos, ou até mesmo para registrar preços para contratações futuras pelos entes da administração pública, direta ou indireta, que também pode ser considerado como pré-contrato, tendo como objetivo principal a obtenção das propostas mais vantajosas e justas. Contratos governamentais ou contratos públicos são as compras de bens, serviços e obras em nome de uma autoridade pública, como uma agência ou governo.

Para evitar fraude, desperdício, corrupção ou protecionismo local, as leis de licitação da maioria dos países regulam as compras governamentais até certo ponto. Todos os países do mundo têm sua lei de licitações, mas isso obedece a uma margem limitadora, quando se trata de quantias mais vultosas. Dependendo da significância do valor, as compras menores e os serviços simples dispensam licitação, como forma de dar agilidade aos trabalhos do governo.

Em 2002, quando o presidente FHC estava para deixar o governo, sancionou a Lei do Pregão Eletrônico[1] (Lei 10.520/2002) para contratar bens e serviços independentemente do valor. Isso agilizou bastante as atividades do governo, mas para os contratos mais complexos foi criado o pregão presencial, liderado por um representante do governo. Via de regra, o estado ou município, como guardião do bem público, deve buscar sempre o menor preço para a contratação pública.

O pregão eletrônico veio para democratizar as licitações, tornando--as mais eficientes e obtendo um número cada vez maior de empresas de diversos estados a custo bem menor e com economia de tempo.

A licitação é um ordenamento brasileiro assegurado pela Constituição de 1988, em seu artigo 37, que determina a obrigatoriedade do processo licitatório, para garantir impessoalidade, moralidade, transparência, publicidade e eficiência na aquisição de produtos e serviços. Buscar a qualidade dos produtos e a eficiência dos serviços contratados é a meta a ser atingida pelos agentes em busca da economia do dinheiro público.

O resultado das contratações de serviços e compras públicas é avaliado pelos Tribunais de Contas dos Municípios. No caso dos estados, são os Tribunais dos Estados, e no caso da União, o Tribunal de Contas da União. Embora a lei seja clara, o processo de conferência dos tribunais não consegue acompanhar de perto o que se adquiriu, no caso de produtos, e o que se foi aplicado, no caso dos serviços. A mera conferência de contratos e notas não dá garantias de lisura dos atos públicos, o que abre margem para agentes públicos burlarem notas e contratos frios para justificar o desvio de dinheiro público para outras atividades.

A deficiência na fiscalização fez gerar uma alternativa de renda para os agentes públicos municipais. O dinheiro destinado à manutenção da estrutura dos municípios é facilmente desviado, na maioria das vezes para o bolso do prefeito. A clareza da lei até facilita a ação, já que é preciso empresas para participarem do pregão, mas o prefeito cria as próprias empresas e define o valor do serviço, de acordo com a quantia de dinheiro disponível, as empresas que irão perder e a que irá vencer

---

[1] A Constituição Federal, no art. 37, inciso XXI, versa sobre a modalidade de licitação denominada pregão, para a aquisição de bens e serviços comuns.

a licitação para o fornecimento dos produtos ou execução dos serviços. É simples assim. O prefeito se apossa do dinheiro, fornece o que convier e executa os serviços à sua maneira, depois espera o resultado do Tribunal de Contas.

Na maioria dos casos, os Tribunais de Contas reprovam as contas dos prefeitos. Todos os anos, o número de contas rejeitadas pelos Tribunais de Contas dos Municípios ultrapassa a casa dos 5 mil. Nem sempre quando um processo de empenho está devidamente elaborado dentro das normas da Lei 4.320/1964[2], que regulamenta as contas públicas, e da LRF condiz com a realidade do município em questão. Os tribunais conferem contratos e notas, mas não visitam escolas, hospitais, creches e obras para ver se o que a nota menciona está, de fato, concretizado.

A LRF foi criada no ano 2000, no Governo FHC, com o objetivo que barrar a onda de Paulo Maluf, que estava em ascensão e perigava chegar à presidência. O malufismo, como era conhecido, era caracterizado pelas obras gigantescas e às vezes desnecessárias, as chamadas obras faraônicas e pelo descontrole de contas públicas, o que costumava deixar os sucessores de pernas e mãos amarradas. O malufismo dominou a política paulistana na década de 1990, quando ele ganhou a prefeitura de São Paulo em dois pleitos: 1992, quando foi eleito prefeito de São Paulo, e 1996, elegendo o seu sucessor, Celso Pitta. Mas esse ciclo foi interrompido por duas derrotas: governo do estado, em 1998, e em seguida a prefeitura da capital, quando foi derrotado por Marta Suplicy, do PT. Depois de duas derrocadas, o malufismo entrou em declínio, por conta de uma série de processos gerados justamente pelo fato de não existir um suporte de controle das contas públicas, o que complicava a vida dos seus sucessores.

A edição da LRF gerou contestações e protestos, por conta das carências na área social, mas surtiu efeito no início, principalmente nos estados. Contudo, nos municípios, além de não resolver o problema, veio a se tornar uma nova fonte de renda para os membros do Legislativo municipal. Os vereadores das grandes cidades fazem lobby para a que as contas do prefeito sejam rejeitadas e para negociar a aprovação no plenário, assim passando um rolo compressor por cima da LRF.

---

[2] A Lei 4.320, no art. 1º, institui normas gerais de direito financeiro para a elaboração e controle dos orçamentos e balanços da União, dos estados e dos municípios.

A confiança é tamanha que prefeito algum teme conta rejeitada, por dois motivos: o primeiro é a eficiência do escriturário que preenche os processos dentro das normas que a lei impõe. Caso isso não aconteça e os conselheiros do Tribunal reprovem, vem o plano B, que é a conivência do Legislativo. O prefeito pode atropelar a LRF do jeito que for, que a Câmara de Vereadores reverte o processo. Pelo menos no âmbito municipal, a LRF não tem o menor valor, pelo simples fato de o 1º artigo da Constituição[3] citar que o poder emana do povo e o povo decide por meio do seu representante legal. Por meio da Lei maior (Constituição Federal), a LRF perde a sua importância e passa a valer a vontade do vereador, que nem sempre representa a vontade do povo.[4]

Poderes auxiliares

O status de Estado, conferido aos municípios pela Constituição de 1988, tinha como objetivo a resolução de um problema, que era a questão da autonomia e independência, mas acabou criando outros, que vamos conferir por aqui. A aparência de Estado, em miniatura, serve para alimentar vícios e maus exemplos propalados pelas esferas superiores.

Até 1977, o vereador de cidade com menos de 500 mil habitantes não recebia salário. A ideia partiu do então presidente Ernesto Geisel, com o objetivo de conter o avanço da oposição ao regime militar. Ele então propôs a remuneração ao legislador municipal com vencimentos de até 5% do salário de um deputado estadual. Outra questão que alegavam seria promover a independência e o combate à corrupção, uma

---

[3] Art. 1º: todo o poder emana do povo, que o exerce por meio de representantes eleitos diretamente nos termos da Constituição.

[4] O que diz a Lei 10.520/2002: institui no âmbito da União, Estados, Distrito Federal e Municípios, nos termos do art. 37, inciso XXI, da Constituição Federal, modalidade de licitação denominada pregão para a aquisição de bens e serviços comuns e dá outras providências.
O art. 37 da Constituição Federal estipula que todos os atos da administração pública devem ser amplamente divulgados.
A Lei 3.420 institui normas gerais de direito financeiro para elaboração e controle dos orçamentos e balanços da União, de estados, municípios e do Distrito Federal.
O art. 1º da Constituição diz: "Todo o poder emana do povo que o exerce por meio de representantes ou diretamente".

vez que o legislador voluntário tenderia a se curvar diante de subornos e propinas para aprovar matérias de interesses do chefe do Executivo.

O modelo de federação do Brasil, que insiste em imitar o presidencialismo liberal dos Estados Unidos da América, tem sua cópia apenas da superfície. Enquanto o modelo da crosta norte-americana é um primor, as esferas inferiores não seguem a mesma ordem. Nas subdivisões não se encontram miniestados com presidentes e parlamentos. Sabem que não se faz necessário e o funcionamento do estado não se compromete em nenhum momento. Cada estado norte-americano se divide em condados (o equivalente a uma comarca), *municipalities* ou *townships* (cidades) e *boroughs* (bairros). Com exceção dos governos dos estados, as demais subdivisões não são obrigadas, necessariamente, a compor um corpo administrativo constituído dos três poderes (Executivo, Legislativo e Judiciário, respectivamente). São subdivisões meramente geográficas sem despesas nem custo administrativo.

O modelo vertical de administração pública é quase que exclusividade do Brasil. Na maioria das cidades espalhadas pelo mundo inteiro não existe um Poder Legislativo próprio da cidade, mesmo porque não há necessidade, já que as três esferas superiores (estado membro, província e União federal) dão conta do recado, a não ser que haja incompetência em excesso. O excesso de esferas legislativas tem apenas uma finalidade: tumultuar o sistema judiciário ao ponto de torná-lo inoperante.

Na cidade onde não existe Poder Legislativo local, o vereador é substituído por conselhos de cidadãos das comunidades. Os conselheiros são voluntários, mas somente em alguns casos, como em Portugal.

A criação do cargo de vereador remunerado, no Brasil, gerou uma nova modalidade de emprego no mercado de trabalho. Na maioria dos casos, o candidato busca uma vaga de emprego por quatro anos. Em outros casos, vem a vaidade do cidadão bem-sucedido que almeja uma posição de destaque na sociedade para ganhar notoriedade ou até mesmo galgar um primeiro degrau para chegar às esferas superiores. Há um ditado brasileiro que diz que só existem duas oportunidades para o cidadão de bem enriquecer. A primeira é quando nasce e a segunda é quando se casa. Na falta das duas, restam mais opções: roubar e ser preso pela polícia, ser morto em tiroteio ou ingressar na política. Na política terá o direito de roubar e o risco de ser preso é quase nulo.

O ingresso na vida pública é um direito de todo cidadão porque quem vota tem o direito de ser votado. Contudo, no Brasil, ao ingressar na política, o que o candidato busca é um emprego mais leve, porque, por falta de formação, não tem como apresentar propostas da sua plataforma política ao eleitor. A formação do cidadão político deveria ser uma das funções dos partidos políticos, mas isso nenhum deles faz. As eleições, que deveriam servir para politizar o eleitor, acabam por gerar uma confusão que despolitiza ainda mais por conta do rol de desinformação, como tem ocorrido nas eleições mais recentes.

Ao ser eleito, a primeira orientação do vereador é de que não poderá se posicionar contra o prefeito. Por várias razões: a primeira é falta de conhecimento, tanto do Regimento Interno da Casa Legislativa quanto das suas prerrogativas de membro do segundo poder do estado municipal; a segunda é a subserviência ao prefeito, o único que pode levar benefício à comunidade que ele representa; a terceira é ficar sem receber o "por fora" para aprovar as matérias de interesse do prefeito; as demais ficam por conta do glamour do cargo, ao participar dos banquetes e rodas de pessoas notáveis do universo representativo.

O sistema eleitoral brasileiro, para o vereador, não passa de uma arapuca. Os constituintes de 1988, objetivando não deixar o osso, propuseram eleições alternadas a cada dois anos, abrindo margem aos deputados de dois pleitos disponíveis, para usarem em proveito próprio ou para eleger parentes. Se escapar a vaga de deputado vem a de prefeito, ou, na pior das hipóteses, uma vaga de vereador. Um exemplo clássico é o da família Bolsonaro, em que o pai se elegeu deputado federal pelo Rio de Janeiro, conseguiu emplacar o filho mais velho como deputado estadual e o filho do meio como vereador. Não havendo mais espaço no estado do Rio de Janeiro, mesmo com todo o dialeto carioquês, o penúltimo da fila conseguiu se eleger deputado federal pelo estado de São Paulo e assim abrigar toda a família em três esferas do Poder Legislativo da política brasileira. No afã de conquistar prefeituras, os constituintes impuseram alguns limites aos deputados municipais, os quais são impedidos de criarem despesas aos governos municipais, o que dificulta os projetos de galgarem patamares mais altos. Em meio às limitações, o que resta ao vereador são apenas indicações de limpeza de rua, operação tapa-buraco, medicamentos no posto de saúde, entre outras asneiras.

Por estar na ponta da linha da representatividade, a prerrogativa do vereador em propor emendas ao orçamento público da sua comunidade teria muito mais legitimidade que os deputados com suas emendas ao Orçamento da União. A emenda de um deputado no Orçamento da União não carrega nenhuma segurança de que aquele dinheiro irá chegar até a base da sua representatividade. Mesmo porque o deputado não tem o contato direto com a sua base. O elo de ligação dele com a base é justamente o vereador. Mas o vereador não tem esse poder porque, do contrário, anularia a importância do deputado.

O Parlamento que não "parla"

O termo "parlamentar", atribuído ao vereador, é uma forma erudita de equiparar aos componentes dos legislativos das esferas superiores. O Parlamento, como todos sabem, é um ambiente de falas (em francês, *parler*), discussões e debates. A ideia de Parlamento surgiu na Roma antiga, quando sentiram a necessidade de debater as questões públicas, como complemento da democracia representativa e um contraponto ao modelo grego de democracia popular direta. Na democracia direta, praticada na Grécia Antiga, o governante da cidade consultava o povo diretamente, em praça pública, sem a necessidade do representante. Com o crescimento das cidades, as consultas populares ficaram por conta da representatividade popular conferida pelo sufrágio universal (voto). Em grande parte das cidades brasileiras ainda há a possiblidade de o prefeito consultar o povo diretamente sem a necessidade e a despesa de manutenção de um grupo de representantes. No Brasil, é comum os casos em que, em cidades pequenas, o vereador passa os quatro anos do mandato sem abrir a boca nas sessões, nem mesmo na hora de votar.

Não pretendemos aqui, com este ensaio, propor o fim da figura do vereador no âmbito municipal brasileiro. Diante das dificuldades de manutenção do custo do Brasil, o povo brasileiro está pagando um alto preço para sustentar uma estrutura putrificada, em linha vertical. O que acontece com o município é o que acontece nas esferas federal e estadual. O episódio do Mensalão não foi um fato inédito no Parlamento brasileiro. Ele sempre existiu e ainda existe, apenas muda de nome, como foi o caso recente do Orçamento Secreto, e agora não se sabe a alcunha da próxima fórmula de alimentar o Parlamento em nome da governabilidade, assim descendo em linha reta até chegar aos municípios.

Ao ingressar na vida pública, a primeira promessa do candidato é o invisível rótulo de honestidade e a história de que não irá correr na trilha das velhas raposas. Na dificuldade em surfar na onda, que mais parece um tsunami, o neófito dificilmente se equilibra, quando não se transforma em um camundongo embrionário de raposa em busca da maturidade desejada. Há Câmaras de Vereadores espalhadas pelo Brasil afora que foram transformadas em autênticas escolas do crime.

O termo "vereador" vem da palavra *vereda* e significa indivíduo que percorre as veredas e os pontos mais longínquos de um território a fim de dar assistência aos habitantes da localidade. Portanto, para ser um vereador, não precisa necessariamente de uma carta eletiva. Pode ser por nomeação e até por concurso público. A proposta de transformar o vereador em um parlamentar surgiu da ideia da politização social das comunidades, para que os munícipes pudessem acompanhar, sugerir e até participar das discussões pertinentes ao interesse público.

Via de regra, o prefeito não pode gastar um único centavo do dinheiro público sem a autorização do povo pagador de impostos. O povo autoriza o prefeito a aplicar o seu dinheiro em seu benefício por meio do seu representante legal, que é o vereador. A Constituição brasileira determina que a nossa democracia seja representativa. Mesmo o cidadão tendo acesso ao prefeito e expondo suas necessidades e as carências da comunidade, isso não tem efeito legal. A lei determina que seja pela

O Município Cachimbo e o Prefeito Linguiça

representatividade popular. Isso deveria valer para cidades com um número expressivo de habitantes, onde o prefeito teria dificuldades de acessar a grande massa.

Na Grécia Antiga, onde foi inventada a democracia, o prefeito consultava o povo diretamente em praça pública. Com o crescimento das cidades é que o Ocidente decidiu criar o sistema de representatividade, em que o elemento representante seria o portador de um conjunto de ideias oriundas da vontade popular, segundo às necessidades do povo.

Não restam dúvidas de que Atenas, na Grécia, era muito maior que a cidade de Vereda, no Extremo Sul da Bahia, ou a mencionada Serra da Saudade, em Minas Gerais. No entanto, o basileu, que exercia a função de prefeito das cidades, conseguia consultar a população inteira, em praças públicas, para ter autorização de aplicabilidades dos recursos públicos. Consultar ao povo diretamente tem muito mais legitimidade do que via representantes.

Quando se fala em corrupção e desmandos com a coisa pública vem, de imediato, a ideia de cidade isolada, onde fica fácil safar as falcatruas. Mas não é bem assim. Guarulhos, por exemplo, com 1,4 milhão de habitantes, é a maior cidade do estado de São Paulo, depois da capital. Com o maior aeroporto do continente sul-americano, cortada pelas rodovias mais movimentadas do Brasil (Presidente Dutra, Fernão Dias e Ayrton Senna) e com o maior parque industrial do Brasil, era para ser uma cidade sem problemas, principalmente ao parlamento municipal, que tem o maior salário do Brasil. Mas, necessariamente, nem sempre é isso que acontece. Na década de 1990, já nos primeiros ensaios da Constituição de 1988, o município foi todo tomado por uma onda de corrupção jamais vista na história do Brasil.

Já no início da década, Guarulhos mais parecia uma cidade das vereadas do sertão, com o coronelismo de Paschoal Thomeu. A certeza da sua volta ao comando da cidade era tamanha, que escolheu a própria filha, a ex-deputada estadual Roseli, para compor a chapa na posição de vice-prefeita. A escolha não foi bem-vista pela população, que optou pela ressurreição de um antigo conhecido e desgastado ex-prefeito, Néfi

Tales. Tales não suportou a metade do mandato e foi afastado, acusado de corrupção. Seu vice, Jovino Cândido da Silva, pegou o bonde andando e no embalo já recebeu dois processos de malversação do dinheiro público. A Câmara de Vereadores, que estava lá para fiscalizar e pôr ordem na casa, se envolveu até o pescoço. Primeiro sob o comando de Thomeu, que tinha Vicentino Papotto como prefeito, mas a batuta estava nas mãos do velho cacique. Na sequência chegou Tales, que logo de início dava sinais de que a coisa não iria seguir a trilha correta. A Câmara fez vistas grossas e coube ao Judiciário fazer a Justiça, com o perdão do trocadilho, e afastar Tales das funções de prefeito. Os vereadores de Guarulhos só cassaram o mandato de Tales depois que ele foi afastado do cargo e preso pela Justiça.

O semipresidencialismo adotado no Brasil a partir da gestão Michel Temer, e sequenciado no Governo Bolsonaro, era apenas o resultado de um ato ensaiado desde os primeiros dias do primeiro mandato do Governo Lula. Semipresidencialismo porque o governo é compartilhado entre Executivo e parlamentarismo, gerando uma confusão desmedida em que o Judiciário precisava intervir quando a tramitação enguiçava, causando desconforto ao Parlamento, que via suas prerrogativas cerceadas. Para facilitar o entendimento foi adotado um novo método, que foi a liberação generosa de emendas do Orçamento da União, garantindo assim a governabilidade, com o Parlamento controlando até os atos do Executivo. Por agir mediante pagamento, a nova forma de governo foi caracterizada como parlamentarismo de aluguel.

A onda correu ladeira abaixo, passando pelos estados até chegar aos municípios. O termo se classifica de acordo com a intensidade a que se dá e também à exposição pública. Na esfera federal, fica o Parlamento de aluguel; na esfera estadual, o parlamentarismo compartilhado, porque as ações e demandas se equilibram, enquanto os municípios ficam com a monarquia de Parlamento sufocado. O prefeito faz as vezes de monarca, porque só ele manda, enquanto o Parlamento, que substitui o antigo Conselho da Corte, obedece às ordens do rei.

3

MOSAICO À BRASILEIRA

A divisão territorial no Brasil é um tanto quanto insana. As subdivisões até parecem brincadeira de criança quando criam uma cidade em miniatura com capital (sede do município) e cidades secundárias (povoados e distritos). Desde a Proclamação da República, a ideia era formar um país nos moldes dos Estados Unidos da América. Os municípios, que precederam a criação dos estados, acabaram por ganhar uma base territorial e assim se tornaram um estado concorrente, mas em proporções menores.

Nos Estados Unidos, ao contrário do Brasil, o município tem o domínio do seu território apenas no que compreende o perímetro urbano. O que sobra de terra é da alçada do estado. Já no Brasil é o contrário. Municípios falidos, inoperantes, sem recursos até para varrer as ruas recebem a incumbência de manutenção de estradas vicinais, pontes e até rodovias. Aí falta dinheiro para o básico, que é educação, saúde, segurança e investimentos no que tange ao desenvolvimento econômico.

O Brasil não obedeceu a nenhum critério técnico na divisão do seu território. A divisão se deu por ocupação. Nos tempos da colônia, havia as províncias, já a alcunha de estado se deu com a Proclamação da República e a criação dos Estados Unidos do Brasil, que carregou essa pecha até 1968, com a revisão constitucional promovida pelo governo militar na época.

Agora, a divisão, mesmo que se tenha dado de forma natural, aconteceu apenas por ocupação do espaço. É um tanto quanto desproporcional, haja vista os estados vizinhos, como Rio de Janeiro, Espírito Santo e Minas Gerais. Dentro do estado de Minas Gerais cabem 12 Espíritos Santos e 13 Rios de Janeiro. No entanto, os três têm o mesmo peso dentro do contexto nacional, inclusive na representatividade congressual, em que cada um dispõe de três senadores da República. Minas Gerais, com uma área de quase 600 mil km² e 20 milhões de habitantes tem o mesmo peso que o Espírito Santo, com 46 mil m² e uma população de pouco mais de 3 milhões de habitantes.

Com 78 municípios, 14 a menos que o estado do Rio de Janeiro (92), e uma base territorial semelhante, o estado do Espírito Santo aparenta ser um estado mais próspero que o Rio de Janeiro, apesar de o produto interno bruto (PIB) ser menor, cerca de 180 bilhões anuais, enquanto o Rio de Janeiro chega a atingir a casa dos 330 bilhões ao ano. Isso parte da peculiaridade de cada ente federado, de acordo com a sua vocação econômica. Enquanto o Rio de Janeiro participa do quadro industrial brasileiro, com grande influência na indústria petrolífera e de trans-formação, o Espírito Santo se apresenta bem mais dinâmico com a sua vocação para a atividade agrícola. O minúsculo estado é fornecedor de produtos hortifrutigranjeiros para o Brasil inteiro, principalmente para Bahia, Minas Gerais, o próprio Rio de Janeiro e São Paulo.

A Constituição brasileira concentrou sua preocupação na criação de novos municípios. Com exceção do estado do Tocantins, que surgiu da divisão do estado de Goiás ao meio, nenhum projeto de redistribuição dos estados membros da Federação brasileira fora levado adiante. Na época houve até a discussão da criação do estado do Triângulo Mineiro, tirando uma parte de Minas Gerais. No Pará tentaram desmembrar a Serra dos Carajás, criando um estado com o mesmo nome no sul do estado, e na Bahia um forte movimento ensaiava criar o estado de Santa Cruz. Hoje a movimentação se concentra no oeste do estado, onde o representante do Agronegócio pensa em tirar uma parte para criar o estado de São Francisco.

A tese de que a criação de novos municípios garantirá a presença do estado não se sustenta. A primeira questão é a político-partidária. O município pode fazer parte da região metropolitana do governador, mas se o prefeito for de oposição, vai ficar por fora e distante das decisões e das ações do governo central. No caso do Amazonas, se o prefeito de Amaturá (a 907 quilômetros de distância) for do mesmo partido, ou do arco de aliança partidária do governador, vai ficar bem mais próximo do governo do que o povo de Itacoatiara, que fica na Região Metropolitana de Manaus.

Não existe explicação plausível que justifique tanta ganância por terra. O objetivo principal deveria ser o dinamismo e a eficiência operacional. Os debates envolvendo sociais e liberais têm sempre como tema principal o tamanho do estado. Agora não tem ficado bem claro o tamanho de quê, base territorial, aparelho estatal ou sistema operacional.

Um estado com uma extensa base territorial será um estado pesado e lento. Um estado com excesso de município é um estado inchado e inoperante porque a despesa com a classe política é alta e não produz resultados concretos. A presença do estado se dá com um estado responsável e atuante e não com municípios, com Câmara de Vereadores consumindo o dinheiro da educação, saúde, segurança pública e geração de emprego.

Lá pelo início do século XXI, o estado do Pará ensaia deflagrar um movimento para a divisão do estado. De início seria a criação do estado de Carajás, mas depois surgiram outras ideias que acabaram fazendo picadinho do Parazão em três novos estados: o próprio Pará e ainda o estado de Carajás e Tapajós. A proposta foi rejeitada pela maioria. Um dos motivos é que o estado Pará ficaria com a menor faixa de terra que os dois filhos, enquanto a maioria que decidia ficava na parte mais prejudicada.

O estado do Pará é a segunda maior unidade da Federação. Ainda tomado pela Floresta Amazônica, na maior parte do seu território, o estado enfrenta sérias dificuldades em dar assistência ao povo do estado. Além de Belém, com a Região Metropolitana da capital, o estado ainda ostenta três polos de desenvolvimento, como Marabá, ao sul, Santarém, ao norte, e Altamira, a oeste. Esta última envolve um território capaz de engolir cinco estados brasileiros, que estão entre os menores. Apesar do tamanho, o município enfrenta sérias dificuldades de mobilidade e escoamento da produção local e de abastecimento, por conta da distância e do isolamento pelas estradas ruins.

O Sul do Brasil foi fatiado em blocos semelhantes, incluído o excluído estado cisplatino, hoje o Uruguai, para abrigar os imigrantes europeus, que encontraram clima semelhante ao do Hemisfério Norte e ali se estabeleceram. Do lado de cima do mapa, a Zona da Mata, ao sopé das cordilheiras da Mantiqueira, Itatiaia e Caparaó, uma mistura de imigrantes europeus – franceses, espanhóis, italianos – e africanos criaram dois minúsculos territórios, que foram batizados de Rio de Janeiro e Espírito Santo, assim abrindo mão da imensa faixa de terra rica em minérios para formar o estado dos mineiros. É um estado rico, mas enfrenta problemas justamente por causa do tamanho.

Do lado de baixo vem mais gigantes sonolentos. O estado da Bahia enfrenta sérios problemas, ora administrativos, fruto da incompetência dos seus governantes, ora pela discriminação causada pela educação deficitária e influências culturais oriundas de árabes, ciganas e, principalmente, africanas. A linha corre mapa acima e teremos estados menores, mas que buscam se firmar como ente federado, que no passado não passavam de flagelados da estiagem e produtores de mão de obra grosseira para as cidades do Sul do país, principalmente Rio de Janeiro e São Paulo.

Os estados do Nordeste, que englobam a região mais árida, aos poucos vão se firmando como membros da Federação, depois da descoberta da região como promissora para a produção de frutas tropicais e o uso da tecnologia para a captação de água do Rio São Francisco.

Um dos entraves que impedia o desenvolvimento do Nordeste era a produção de energia elétrica. Agora, com chegada da tecnologia de captação de energia, pela luz do Sol e do vento, muitas empresas já começam a se instalar na região para a absorção da mão de obra local e criação de um novo mercado consumidor.

O estado da Bahia encobre mais de um terço da Região Nordeste. Poderia ser uma vantagem ter tanta terra à disposição, mas não é. As longas distâncias a serem percorridas tornam-se um martírio na vida do baiano, que enfrenta problemas com estradas deficitárias, mal-conservadas, isso quando existem. Há projetos de rodovias na Bahia que já passam dos 60 anos e nunca saíram do papel. O estado não consegue atrair investimentos externos por causa da falta de infraestrutura e da pior educação do Brasil, segundo dados do Instituto Brasileiro de Geografia e Estatística (IBGE). O estado é composto de 417 municípios, onde a maioria não tem condições de produzir o próprio sustento. Vivem de repasses federais e estaduais, com prefeitos mendigando nas portas dos palácios de Salvador e Brasília. Com a crise do cacau, pragas dizimaram a monocultura da agroflorestal e o estado sobrevive de ações de capixabas, no sul do estado, gaúchos no oeste, no triângulo do Matopiba – encontro dos estados de Maranhão, Tocantins, Piauí e Bahia – e no norte com a produção de frutas – manga, uva, melão e melancia –, às margens do Rio São Francisco.

Mesmo com essa situação caótica, a classe política ainda não se dá por satisfeita. Na Assembleia do Estado se encontra uma pilha de processos de emancipação de novos distritos. 417 municípios representam um peso considerável, não só para o orçamento do estado, mas também para a União. A criação de mais municípios significa dividir ainda mais o bolo para manter os futuros aparelhos estatais, comprometendo assim os projetos voltados para educação, saúde, saneamento básico e segurança pública.

São Paulo, com 645 municípios, é o estado campeão nacional de prefeituras, mas pela situação geográfica não enfrenta problemas anecúmenos, como a aridez da caatinga, no Nordeste, ou florestas alagadas, como a Floresta Amazônica. Ainda que não disponha de um território classificado entre os maiores do país, enfrenta uma série de processos de emancipação e independência política de novos territórios. Pelo tamanho do estado e pela infraestrutura de que dispõe – estrutura viária, ferrovias, hidrovias e aeroportos – tem condições de atender a toda a população sem maiores dificuldades e manter a presença do estado nos quatro cantos do território estadual em tempo recorde, sem a necessidade de intermediação de prefeitos, vereadores e secretários municipais.

O Amazonas é um estado único e, por várias razões, nem deveria ser classificado como estado, uma vez que o mundo inteiro tem os olhos voltados para sua floresta. Ainda que tomado por setores inóspitos, o homem insiste em desafiar o perigo para explorar seu território por sua madeira, uma fauna vasta e um subsolo tomado de ouro, nióbio, grafeno, cassiterita, bauxita, níquel, entre outros metais preciosos. A ideia de criação da Zona Franca de Manaus, para desisolar a região, não tem atingido os objetivos, pois não atraiu o número de empresas desejado, além de servir de subterfúgio para a sonegação de impostos.

A briga comprada hoje pelo mundo inteiro é contra o desmatamento da floresta. Seis estados brasileiros abrigam parte das matas, mas o desmatamento desenfreado tem descaracterizado grande parte da sua formação original. O estado de Rondônia, por exemplo, já está quase todo desmatado. O Acre, apesar da pressão de pecuaristas e empresas do agronegócio, tem mantido um percentual maior das matas, mas não se sabe por quanto tempo irá resistir, porque o estado é relativamente pequeno para a região, e as terras que cobrem são propícias para a atividade agrícola e a pecuária. Há uma forte pressão mundial para evitar o desmatamento de mais florestas, remanejando os produtores rurais para as áreas já degradadas. O desmatamento destrói nascentes e mananciais, o que faz reduzir o volume de água doce dos rios brasileiros. Já que o Brasil dispõe do maior percentual de água doce do mundo, não pode correr o risco de se desfazer desse importante patrimônio. A proposta é remapear a região, isolar a parte preservada e readequar o sistema produtivo na parte que foi desmatado e a demarcação dos territórios estaduais ter uma nova configuração. É uma proposta de salvação da floresta.

O Maranhão é o único estado nordestino que não sofre com as agruras da seca porque, por acidente, teve a sorte de ser encoberto pela maior floresta tropical do mundo. As iniciativas errôneas de desenvolvimento fizeram o estado perder grande parte da sua cobertura nativa. O que puder ser preservado ainda vale, mas não conservam mais as características de estado de Floresta Amazônica. O Tocantins, que já fez parte do Centro-Oeste, quando era anexado ao estado de Goiás, ostenta ainda uma pequena parte, mas as pressões dos agricultores do Matopiba não dispõem de garantias de sobrevivência. A expansão da fronteira agrícola não tem poupado ninguém da floresta. O sul e sudoeste do Pará já não têm mais o rótulo de ambiente de floresta tropical. Com exceção do cucuruto da Serra dos Carajás, já alcunhada de Serra do Aço, o resto já não passa de uma savana.

Tudo isso tem sido reflexo das campanhas de ocupação da região, durante o final das décadas de 1960 e 1970, tendo com o desmatamento o primeiro passo para produção dos itens de subsistência. A agricultura e pecuária foram tomando o espaço da floresta e o surgimento das cidades resultou na edificação de mesorregiões, como Rolim de Moura, em Rondônia, Marabá, Santarém e Tucuruí, no Pará. São regiões densamente populosas, com diversos meios de sobrevivência, dando margens a inúmeras opções de atividades, entre elas as danosas ao meio ambiente, como a mineração e o grimpo.

O desmatamento e a ocupação desenfreada da região da floresta que recebia imigrantes das regiões mais populosas e de estados menores, como Espírito Santo, Paraná e Bahia, fizeram surgir cidades-relâmpago, que, distantes das respectivas capitais, optaram por emancipações e soberania administrativa. Talvez seja uma necessidade a independência política, mas sempre as boas intenções prevalecem quando se tem político pelo meio.

Ainda com os entraves burocráticos e a desconfiança das correntes de pensamento político, as regiões desmatadas promoveram a maior onda de criação de novos municípios do Brasil. Depois da Constituição de 1988, então, é que a onda pegou. A maior parte das cidades da Região Norte tem a data de emancipação depois de 1988, sobretudo na área desmatada.

4

FRUTOS DA TERRA

O apego à terra é o que segura muita gente na árida Caatinga dos estados nordestinos. É o que não ocorre com os ocupantes das terras do Norte. Grande parte dos que ainda sobrevivem sonham um dia retornar à terra natal. O mesmo acontece com os retirantes nordestinos que se refugiam das estiagens e buscam socorro nas cidades do Sul, confessam não suportar a saudade do berço de origem e juram, por tudo, um dia poder voltar. Apesar da vida mais segura proporcionada pela cidade grande, nada substitui o amor à terra natal, mesmo sem a explicação de não existir lugar melhor no mundo que o lugar aonde nasceu.

Chega a ser comovente a paixão de um nordestino pelo distrito Granjeiro, a menor cidade cearense do Vale do Cariri, numa distância de quase 600 quilômetros de Fortaleza, a capital do Estado. Até que poderia ser difícil entender, mas basta ver no noticiário os confrontos na Faixa de Gaza, entre israelenses e palestinos, numa briga incessante por uma terra árida e sem vida.

A Região Nordeste foi a primeira a ser densamente povoada no Brasil, por ser o primeiro polo produtivo de tabaco, algodão e principalmente açúcar, contrapondo ao extrativismo de madeira e minérios. Os holandeses tiveram participação significativa no desenvolvimento econômico, sobretudo pela projeção da indústria açucareira e pela edificação de grandes metrópoles, como Maceió (AL), Recife (PE), Natal (RN) e Filipéia, capital da Paraíba, que hoje se chama João Pessoa. Por mais de 200 anos Recife ostentou o título de capital industrial brasileira, o que lhe deu direito a reivindicar o posto de capital do estado de Pernambuco, o qual pertencia à cidade de Olinda.

A onda desenvolvimentista do Nordeste teve seu ciclo interrompido depois da expulsão dos holandeses, resultado de uma crise diplomática entre a Península Ibérica (Portugal e Espanha) e os Países Baixos (Holanda e Bélgica). O Brasil passou a enfrentar sérios problemas econômicos, não conseguia exportar sua produção de açúcar porque os holandeses passaram a produzir açúcar nas ilhas do Caribe a um preço bem inferior ao custo do açúcar brasileiro.

Qualquer monocultura prejudica o desenvolvimento social, pois concentra a renda e dificulta a distribuição. Assim como a monocultura da cana-de-açúcar, o nordestino não conseguiu escapar de novas monoculturas, entre elas o tabaco em Alagoas, o algodão na Paraíba e o cacau na Bahia.

Hoje as terras nordestinas, temperadas pelo Sol incessante, produzem as melhores frutas tropicais do país e as exportam para o mundo inteiro. O Rio Grande do Norte é o maior produtor nacional de melão, a Bahia, em parceria com Pernambuco, Alagoas e Sergipe, lidera a produção nacional de mamão, manga, uva e melancia. No início, Pernambuco exportava açúcar, Alagoas exportava fumo, a Bahia exportava cacau e a Paraíba exportava algodão, quando Capina Grande foi chamada de Liverpool Brasileira. Liverpool, na Inglaterra, à época era a capital mundial do produto.

As cidades nordestinas, que por acidente – acesso à água e solo fértil – têm a capacidade de produzir o próprio sustento, não dependem, necessariamente, da classe política, assim como as pequenas cidades isoladas que sofrem com flagelos de enchentes e, principalmente, secas provocadas pelas longas estiagens.

As pequenas cidades do interior do Nordeste, principalmente do Sertão, região que envolve a Caatinga, sobrevivem do amor e apego à terra, resultado da cultura e dos costumes locais. As agruras pelas quais passa a população dessas localidades fazem gerar uma indústria bilionária movida pela classe política coronelística. A ações de combate à seca, na maioria dos casos, são destinadas às propriedades dos políticos e dos coronéis da região. Os velhos caciques são quem define onde promover as melhorias e onde aplicar os recursos.

A transposição do Rio São Francisco, salvo controvérsias, chegou para resolver parte do problema da seca, porém a vasta região e o relevo irregular impedem o atendimento a toda a população sertaneja, porque o volume de água não é suficiente, o Velho Chico já se encontra saturado ao longo do seu curso. Há quase 20 anos do início, a obra ainda não foi concluída, apesar da guerra ideológica, desencadeada recentemente, dar conta de que o projeto fora concluído. O feito foi comemorado por muita gente, mas nem todos vão ter a mesma felicidade. A cisterna para acúmulo de água da chuva e o ronco feroz do carro-pipa, infelizmente, seguem firmes a fazer parte da vida de muita gente, para a alegria dos políticos.

O governo federal mantém o Departamento Nacional de Obras contra a Seca (DNOCS), com sede em Fortaleza, que vez ou outra é flagrado executando serviços em propriedades particulares de políticos e de coronéis financiadores de campanhas. Os escândalos se sucedem nas páginas dos jornais do Brasil e do mundo.

5

BOCA TORTA POR USO DE CACHIMBO

As informações publicadas nesta época, em 2005, a respeito do loteamento do DNOCS revelam uma prática antiga de muito antes da década de 1970. Para colonizar o Brasil, a partir de 1530, a Coroa portuguesa cedeu enormes faixas de terras para fidalgos patrícios constituírem seus engenhos. Séculos depois, as capitanias só ficaram menores por forças de interesses superiores diante do que o subsolo proporcionaria. Entre uma região preterida em favor da outra sobraram povoações inóspitas.

Os embaraços criados no Governo Dilma Rousseff, frente ao Congresso Nacional, tornaram explícita a relação entre Executivo e Legislativo, por conta da postura adotada pela presidente petista. O fato de o PT ser um partido encarado com preconceitos, o preço da relação teria de ser elevado ao nível do ingresso de festa de rico ser franqueado ao pobre. A fotografia, ora revelada, há tempos estava sendo clicada por legislaturas anteriores. O Centrão, ao ser desdenhado pelo bolsonarismo, não se fez de rogado, apenas aguardou o momento certo para dar o bote. E sempre foi assim, desde os primórdios da República. A promessa de uma nova política ficou embasada no discurso, porque o que a história já registrou jamais seria apagado. O Centrão prefere ser chamado de Centrão porque sempre teve vergonha de ser chamado de "Direitona", mas não se acanha em ingressar nos governos que outrora atacaram nos palanques durante o pleito sucessório. Antes de apoiar Bolsonaro, o Centrão esteve com Temer, Dilma, Lula, FHC, Itamar Franco, Collor de Mello, Sarney, todos os governos da era militar e até o primeiro presidente da República, Marechal Deodoro. E, se brincar, o Centrão esteve apoiando até Dom Pedro I.

Uma figura folclórica do Centrão, que chegou à presidência da Câmara dos Deputados, Severino Cavalcanti, era o típico coronel do sertão. Conservador declarado e de posições consideradas anacrônicas, Cavalcanti recebeu a presidência da casa legislativa de bandeja depois dos vacilos e arrogância de Luiz Eduardo Greenhalgh. O mandato de Cavalcanti durou pouco, menos de um ano, porque decidiu renunciar-se para evitar ser cassado por ter sido acusado de cobrar propina do dono do restaurante do Congresso.

A eleição de Cavalcanti para a Câmara dos Deputados seria apenas um aviso sobre os rumos que poderia tomar a política brasileira. Doze anos após a derrocada de Cavalcanti, o Brasil repetiria a dose ao eleger uma figura idêntica, com a mesma retórica e as mesmas promessas – contra o aborto e casamento entre pessoas do mesmo sexo. Assim como Bolsonaro introduziu os filhos na atividade política, Cavalcanti também empregou a família inteira no seu gabinete, claro flagrante de nepotismo, e ainda sustentava a tese de que estava prestando relevantes serviços à nação.

Aliás, o caso de Cavalcanti, governo federal e Centrão não é um fato isolado. Os rumos que tomam o Congresso brasileiro tendem a fluir novos episódios, pois o modelo de governança nacional não dá sinais de flexibilidade. Os currais eleitorais, característica peculiar do interior do Brasil, cada vez mais dão confirmação do selo de autenticidade. O Congresso inteiro está tomado de Cavalcantis, aqueles típicos calvos que cochilam, o tempo todo, durante as sessões, mas em nenhum momento são questionados pelos seus eleitores, que pouco estão preocupados com as ações do seu representante.

A exemplo de muitos, Cavalcanti saiu de João Alfredo, uma minúscula cidade do agreste pernambucano, para ocupar o Legislativo estadual de Pernambuco por sete mandatos e a Câmara Federal por três oportunidades. A casa caiu depois de tentar voos mais altos e surfar na onda do Centrão para fazer pirraça ao PT, quando teve o seu ciclo federal interrompido por cobrar pedágios dos fornecedores do Congresso.

Ainda que cambaleando, Cavalcanti deu sinais de ressuscitamento ao se eleger prefeito de João Alfredo, pela segunda vez, nas eleições de 2008 (a primeira fora em 1964). Foi impedido de concorrer à reelei-

O Município Cachimbo e o Prefeito Linguiça

ção, por conta do processo do Mensalinho da Câmara, e também não conseguiu emplacar sucessor. Depois de oito anos de direitos políticos suspensos, tentou voltar ao Congresso Nacional, mas não conseguiu votos suficientes. Cavalcanti morreu em 2020, aos 89 anos, e deixou sua história escrita, mas ninguém se atreve a duvidar que ainda pode ser repetida.

As migrações no Brasil ocorrem por questões de gestão pública. Muitos períodos de migração poderiam ser evitados se houvesse gerência na administração pública e cuidado com as causas sociais que envolvem a população brasileira. Ofertas de oportunidades e empregos no Sul, universidades melhores, períodos de estiagens no Nordeste e facilidade de acesso à terra no Norte são fatores que incentivam o brasileiro a sair do seu berço de origem para procurar melhorias. Por essas razões é que João Alfredo nunca passou de 20 mil habitantes, porque a juventude migra para outros centros à procura de oportunidades, comprometendo o crescimento e o progresso da cidade. Só quem não achava ruim era Cavalcanti e o seu plantel político, que era beneficiado pela situação.

6

MARQUE A BOIADA E FECHE O CURRAL

A abertura política de 1979, que anistiava os exilados políticos da década de 1960, foi marcada pela música brasileira com vários recados, entre eles "Abre-te Sésamo", de Raul Seixas, que fazia alusão às greves dos metalúrgicos do ABC, que eram semelhantes a uma procissão, a obra de Antoine Galland[5], quando os 40 ladrões visitavam a caverna do tesouro, e Zé Ramalho, com "Admirável gado novo", aludindo à distopia de Aldous Huxley[6]. Quarenta anos se passaram e as revelações continuam atuais ao ponto de verem as pessoas, em pleno terceiro milênio, se curvarem ao estalo do chicote, devolvendo em troca o murmúrio de satisfação. As semelhanças nunca chegaram perto de ser mera coincidência porque as profecias se cumprem, do contrário não seriam profecias.

Quem está fora quer entrar e quem está dentro não quer sair. A difícil vida do brasileiro descarrega na política a última esperança e o sonho de mudar de vida, já que a loteria se torna um sonho utópico, e na política é só saber mentir. O ponto favorável parte da cultura paternalista, em que o povo se apega a um suposto líder que o intermedeie ao ponto de coleta. Os abismos são enormes entre a fome insaciável, a moral recauchutada e o desgaste inevitável. À semelhança com uma revoada de abutres em cima de um cadáver, só falta a fotografia.

O cachorro se afasta do dono, com o rabo entre as pernas, depois de um "psiu", mas volta em seguida, radiante de alegria, aos pés do seu senhor, em troca de um estalo de dedos. A vida de animal domesticado,

---

[5] Ali Babá e os 40 ladrões se escondiam na caverna onde a chave de abertura era uma senha denominada "Abra-te, Sésamo".

[6] *Admirável mundo novo* em 1932 já apontava inovações tecnológicas como instrumento de manipulação das massas.

atribuída ao cidadão, remete aos primórdios da civilização brasileira, quando os colonizadores enfrentavam dificuldades em distinguir pessoas, porque a coloração da pele e os moldes de educação reduziam seres humanos a reles bípedes.

Se nada mudou também não tende a mudar. A cada eleição que acontece no Brasil, os absurdos se sucedem. Por pouco, na eleição de 2022, o Brasil não se surpreenderia com a eleição de Fabrício Queiroz para deputado estadual, para a Assembleia Legislativa do estado do Rio de Janeiro. Policial reformado e sargento eleitoral do clã Bolsonaro, Queiroz foi acusado de operar a Rachadinha, um esquema de extorsão de dinheiro do salário de assessores do senador Flávio Bolsonaro, que era deputado estadual pelo estado do Rio de Janeiro.

A Rachadinha praticada pelos políticos brasileiros já está institucionalizada. Isso parte das Câmaras de Vereadores, passando pelas assembleias estaduais até o Congresso brasileiro, de onde partem os mais sórdidos exemplos. Não há registros de que a Lei da Ficha Limpa tenha obstruído a trajetória de um candidato por prática de Rachadinha. A candidatura de Queiroz correu livre e solta, sem objeções, mesmo porque as acusações que pesavam contra ele ainda não tinham passado pela avaliação dos tribunais.

7

A FICHA QUE NÃO SUJA

Queiroz conseguiu se lançar candidato porque não deu tempo de sujar sua ficha. Confiante na livre vontade popular, com o eleitor pouco preocupado com a relativização da honestidade, o ex-policial não se fez de rogado e entrou de cara na disputa, mesmo não conseguindo se eleger, e, com a colaboração de 6.700 cidadãos, conseguiu provar que a verdade na política brasileira não é absoluta.

O Ministério Público do Estado do Rio de Janeiro abriu procedimento de investigação de possível lavagem de dinheiro e ocultação de patrimônio e convocou Queiroz e Flávio Bolsonaro para prestarem esclarecimentos. Queiroz faltou a dois depoimentos, agendados para 19 e 21 de dezembro de 2018, alegando problemas de saúde, mas foi gravado dançando no hospital em que estava internado. Flávio Bolsonaro recusou-se a prestar depoimento, invocando prerrogativa de parlamentar e pediu ao Supremo Tribunal Federal que suspendesse as investigações. O, até então, presidente do STF, Luiz Fux, acatou o pedido de Flávio, contrariando a jurisprudência do ministro relator do caso, Marco Aurélio Melo. De acordo com o banco responsável pela conta, as movimentações financeiras seriam incompatíveis com o patrimônio, a atividade econômica ou ocupação profissional e capacidade financeira do ex-assessor parlamentar Queiroz. No período, pelo menos oito funcionários de Flávio Bolsonaro fizeram depósitos que totalizaram R$ 150 mil na conta de Queiroz, sempre em datas posteriores aos pagamentos dos salários. As operações levantaram suspeitas de que o deputado se apropriasse de parte dos salários dos assessores, na prática ilegal conhecida como Rachadinha. Entre as movimentações de Queiroz, mencionadas pelo relatório, é citado um cheque de R$ 24 mil emitido em favor da mulher do ex-presidente, Michele Bolsonaro, justificado depois pelo ex-presidente como parte do pagamento de um empréstimo de R$ 40 mil.

O episódio de Queiroz põe em xeque a importância da Lei da Ficha Limpa. Como o nome já diz, a lei vem para garantir a lisura do processo eleitoral. No entanto, a cada eleição que se passa aumenta a enxurrada de processos e pedidos de liminares para permitir que políticos enrolados ganhem o direito de serem candidatos e, assim, voltem à cena do crime com legitimidade para repetir o mal feito.

> A medida liminar dá direito a um candidato condenado, em segunda instância, concorrer a cargo público, mesmo que não tenha terminado de cumprir a pena.
>
> A decisão partiu do ministro Cassio Nunes Marques, que de forma monocrática decidiu acatar um pedido do Partido Democrático Trabalhista (PDT) na Ação Direta de Inconstitucionalidade (ADI) 6.630 e suspendeu o trecho da Lei da Ficha Limpa, a permitir a eleição de um candidato ficha suja oito anos após o cumprimento da pena. Por conta disso, o candidato condenado em segunda instância há oito anos poderá sair candidato mesmo que não tenha terminado de cumprir a pena nesse período.
>
> Jurista experiente, com passagem pelo Superior Tribunal de Justiça (STJ), mas estreante no STF, Nunes Marques não esperou nada mais que cinco dias de magistratura para dar a sua primeira cartada de peso, a qual fora apoiada pelo então presidente Jair Bolsonaro.
>
> A discussão sobre a ADI 6.630 tem gerado rumores sobre a regra das eleições vindouras. O vice- procurador de então, Humberto Jaques, até entrou com um agravo, no dia seguinte à liminar, considerando que havia cinco relevantes obstáculos frente à legislação. O principal, segundo argumentou, é o caráter temporal da decisão, porque a superação monocrática de qualquer precedente não encontra respaldo na Lei Maior.

A cruz como sinal da maldição
e a grade como redenção

O judaísmo não reconhece Jesus Cristo como o salvador porque ele morreu na cruz. Na época em que Jesus viveu na Terra Santa, a cruz era sinal de maldição. Já o cristão entende que a cruz é sinal de glória e salvação, como cita a epístola do apóstolo Paulo aos Gálatas (Gl 3,1). Ao ser crucificado, Jesus desfez toda a maldição que atribuía à cruz ao ressuscitar dos mortos, três dias depois. Entretanto, o brasileiro optou por outro fetiche. Na ausência da cruz, porque isso não é feito para qualquer um, as grades das celas têm se transformado em instrumento de redenção para muitos políticos. A tornozeleira eletrônica, que está chegando para atenuar as punições dos incautos da política, promete conquistar seu espaço como instrumento de redenção.

O brasileiro já está habituado a eleger político ficha suja, condenado e até encarcerado. Unaí, em Minas Gerais, Irajuba, na Bahia, Catolé do Rocha, na Paraíba, e Porecatu, no Paraná, encabeçam a fila dos municípios que elegeram prefeitos direto da cadeia. Entre elas a menor é Irajuba, com cerca de 7,5 mil habitantes, segundo o Censo de 2010, a segunda da lista é Porecatu, com 12 mil habitantes, de acordo com Censo de 2010, e a maior é Unaí, com 80 mil habitantes. Esta última chega a causar espanto por ser considerada um centro acadêmico, com vários campi universitários. Em 2004, a cidade de Unaí elegeu Antero Mânica, prefeito da cidade, quando ele ainda cumpria pena pelo assassinato de três auditores fiscais e um motorista. Um habeas corpus livrou Mânica das grades para assumir a prefeitura, na qual ficou por quatro anos e ainda ganhou a reeleição para mais quatro.

No mesmo ano, 2004, na pequena cidade de Irajuba, no interior da Bahia, mais um candidato se encontrava atrás das grades. Era o comerciante Humberto Solon Sacramento, que já exercia o cargo de prefeito e concorria à reeleição. Acusado de desviar alimentos do hospital e merenda escolar para a sua rede de supermercados, Sacramento foi considerado culpado e preso três meses antes da eleição. Mesmo preso obteve o perdão do eleitor, que o reconduziu ao cargo para mais quatro anos.

Em 2008, além da reeleição de Mânica, em Unaí, o interior do Paraná também passou pela mesma experiência ao eleger o comerciante Walter Tenan, prefeito de Porecatu, diretamente da prisão. No dia da eleição, o candidato favorito do eleitor porecatuense se encontrava no Centro de Triagem de detidos de Piraquara, na Região Metropolitana de Curitiba. Tenan fora preso 24 dias antes da eleição, acusado de receptação de mercadoria roubada para a sua loja de móveis e eletrodomésticos. O comerciante foi liberado no dia do pleito para votar à prisão, de onde recebeu a notícia de que teria sido eleito prefeito da cidade. Doze dias depois, Tenan foi libertado e governou a cidade por quatro anos, e ainda se reelegeu em 2012, para mais quatro anos.

Voltando a relembrar que o pretexto de eleições a cada dois anos no Brasil tem como objetivo a educação política do cidadão brasileiro, vejamos outros casos. O estado do Acre foi entregue de bandeja aos domínios do PT, porque a cúpula política, que há anos dominava aquele estado, ultrapassou todos os limites. O grupo político liderado por Oleir Cameli e os deputados federais Ronivon Santiago e Hildebrando Pascoal fez do Acre um reduto de gângsteres. Cameli era governador do estado e contava com o suporte da sua bancada federal em Brasília, comandada por Santiago e Pascoal. Santiago confessou ter vendido o voto para aprovar o sistema de reeleição, para favorecer o então presidente FHC. Já Hildebrando teve o mandato cassado depois de ser acusado de tráfico de drogas e formação de quadrilha para roubo de cargas.

Pascoal, por sua vez, encarava a eleição toda à base do voto comprado e do terror aos adversários. Fora acusado de comandar o crime organizado no seu estado, com ramificações por outras regiões, principalmente no Maranhão, enquanto era o comandante maior da Polícia Militar no Estado do Acre.

O episódio do Acre ainda não serviu como lição e pode ser que outros parecidos estejam por vir. Recentemente o Brasil assistiu estarrecido ao caso Daniel Silveira, que foi condenado a prisão por abuso de autoridade e posto em liberdade por um indulto individual decretado pelo ex-presidente da República, Bolsonaro. Em 2018, o Brasil buscava uma ponta de esperança em meio aos destroços do que fora detonado pela Lava Jato, então se apegou às promessas da "nova política" de Bolsonaro, para depois se sentir freguês da suíte do próprio manicômio. Propondo a higienização do meio político com a extinção dos maus elementos, Bolsonaro apareceu com Silveira como candidato a senador pelo estado do Rio de Janeiro, peitando o candidato do seu partido (PL – Partido Liberal), Romario Faria, com toda a sua bagagem – craque de futebol, campeão de Copa do Mundo – e líder das pesquisas para a disputa em questão.

O hospício Brasil se explica pela vida pregressa de Silveira e por ser o preferido do presidente, que buscava uma segunda chance do eleitorado brasileiro. Silveira foi apresentado como uma pessoa que nunca trabalhou na vida até se eleger deputado federal. Seu primeiro emprego foi cobrador de ônibus, mas foi demitido após três meses de trabalho por apresentar atestados falsos para justificar faltas ao trabalho, depois foi reprovado no concurso para a Polícia Militar do Estado do Rio de Janeiro, mas conseguiu ser incorporado por meio de uma liminar. Ficou na Polícia por cinco anos, em uma convivência bastante conturbada. Na sua ficha policial consta que tinha mau comportamento. Ficou 26 dias preso e 54 detido, além de receber 14 sanções e duas advertências, sendo inadequado para o serviço de policial militar, segundo o boletim da própria Polícia.

Todo esse currículo credenciou Silveira a candidatar-se a uma vaga na Câmara Federal pelo PSL, à época partido de Bolsonaro, o candidato que viria a ser eleito com a promessa de implantação da nova política no Brasil e combate à corrupção.

Baseado nesses fatos, o temor de Lula (PT) se eleger presidente do Brasil crescia a cada dia que se aproximava a disputa eleitoral de 2018. Mesmo com tantas acusações – sítio de Atibaia, triplex de Guarujá e cachê do Instituto Lula –, o nome do ex-presidente aparecia à frente nas pesquisas. Criar um fato novo foi a saída para evitar o perigo eminente. Foi então que surgiu o super-herói, propalando com superpoderes para combater a corrupção, a mamata e a velha política, a maior invenção da mitologia tupiniquim.

8

O TAMANHO DO ESTADO E SUA EFICIÊNCIA

O mundo se chama mundo porque tem terra. O povo que a habita nasceu dela e nela, apesar das migrações por motivos alheios à vontade de uns e preferência de outros. A imensa quantidade de terra no mundo não parece suficiente, porque as brigas, por cada palmo de chão, se sucedem entre homens, estados, países e até continentes inteiros. Por questões geográficas e políticas, o mundo sempre sofreu fragmentos e divisões, mas nunca da mesma forma em definitivo. Por diversas vezes a Europa foi um único país, assim como o Médio Oriente, a Ásia Menor, a África e as América, no período que precedeu as grandes descobertas. As brigas e guerras por divisões, separações, junções e anexações são constantes. A China contesta a separação de Taiwan, a Rússia, apesar do tamanho, tenta tomar parte da Ucrânia, a Inglaterra se desloca do extremo norte para e extremo sul das Américas para tirar das garras argentinas o arquipélago de Falklands – ou Ilhas Malvinas, como queiram.

O tamanho de um estado se mede pela qualidade de vida do seu povo. No entanto, há países que dispõem de terras o suficiente para abrigar sua gente, de forma digna, mas insistem em comprometer o bem-estar do seu povo, gastando fortunas em disputas por mais terras. No mundo de hoje, os países menores proporcionam a melhor qualidade de vida ao seu povo.

Vejam os exemplos dos micropaíses, como San Marino, Mônaco, Malta e Luxemburgo. Este último, apesar de estar na última posição dos não microestados, se coloca como o país mais rico do mundo, em proporção, e o que oferece a melhor qualidade de vida ao seu povo. Para se ter uma ideia, o estado de Sergipe, o menor da Federação brasileira, é dez vezes maior que Luxemburgo. Ou seja, dentro de Sergipe cabem dez Luxemburgos.

Durante a constituinte de 1988, houve um grande movimento para dividir o estado de Minas Gerais, separando-o do antigo Sertão da Farinha Podre, hoje conhecido como Triângulo Mineiro. As grandes personalidades mineiras fizeram forte campanha contra a separação, porque os triangulenses não abriam mão da mineirice enraizada.

Na primeira divisão do Brasil, em capitanias hereditárias, promovida pela Coroa portuguesa, em 1532, várias outras capitanias não estavam no pacote. Algumas delas só vieram a existir na segunda etapa da divisão, que aconteceu em 1565 com a criação das capitanias do Maranhão e Grão-Pará, Rio de Janeiro e Pernambuco. A Capitania de Pernambuco englobava todo o Nordeste e grande parte da Bahia. Só não engoliu o Maranhão porque este estava anexado ao Grão-Pará, o qual envolvia todo o Norte do país. A terceira divisão de capitanias ocorreu em 1720, com a criação das capitanias de São Paulo, comandada pelo capitão de São Vicente, Minas de Ouro, hoje Minas Gerais, e Goiás. A Capitania de Goiás envolvia grande parte do norte, como o hoje estado de Tocantins, e sul do Pará, como o vale do Baixo Tocantins, onde fica a cidade de Marabá e a Serra dos Carajás.

Na terceira etapa de divisão do Brasil a Capitania de Minas Gerais foi a que mais levou vantagem, saiu comendo terras de toda a vizinhança. O que pertencia ao Rio de Janeiro foi abocanhado, empurrando a terra de São Sebastião para o outro lado da serra, partiu para dentro das terras paulistas, esbarando na Serra da Mantiqueira, onde fora contido o avanço. Do lado oeste, partiu para cima dos grandes rios Parnaíba e Paraná até conquistar o Sertão da Farinha Podre (Triângulo Mineiro), esbarrar na bacia do Araguaia, deixar Goiás em paz e subir mapa acima, sentido norte, abocanhando parte das terras baianas e até de Pernambuco, para ser posicionar como o quarto maior estado da Federação.

No Brasil é constante a briga por linhas divisórias entre estados e municípios. Lá pelo início dos anos 2000, no Extremo Sul da Bahia, um influente prefeito alterou as linhas limítrofes de quatro municípios para usurpar as instalações de uma grande indústria de celulose. O empreendimento, que ficaria no triângulo limítrofe entre Itapebi, Belmonte e Santa Cruz Cabrália, teve sua linha alterada para as instalações industriais ficarem somente nos territórios do município de Eunápolis. Tudo organizado com a anuência do governo do estado, o que deu a Eunápolis uma participação maior na arrecadação dos tributos (IPI, ICMS), entre outras vantagens.

O preço da ganância por terra é pago pelo cidadão comum, que é privado dos seus direitos por ser empurrado para longe dos centros administrativos, ou seja, as capitais dos respectivos estados. Os exemplos mais clássicos ficam por conta de Minas Gerais e Bahia. Regiões metropolitanas importantes de Minas Gerais ficam mais perto de outras capitais do que Belo Horizonte. A Região Metropolitana de Juiz de Fora fica mais próxima do Rio de Janeiro. No sul do estado, a Região Metropolitana de Pouso Alegre-Varginha, com um PIB que supera muitas capitais de estado, tem até São Paulo a metade da distância a percorrer para Belo Horizonte, a sua capital, assim como Juiz de Fora, que fica a um terço do caminho entre o Rio de Janeiro e Belo Horizonte. Do outro lado do estado também fica o Triângulo Mineiro, com uma região bastante desenvolvida, com Uberlândia e Uberaba bem mais próximas de Goiânia do que Belo Horizonte.

Na Bahia o drama se repete. Assim como em Minas, as regiões mais desenvolvidas do Estado se aproximam de capitais de outros estados mais do que de Salvador. O Extremo Sul, região que se destaca na pecuária, cultivo de cacau, fruticultura e celulose, se aproxima de Vitória, no Espírito Santo, mais do que de Salvador. No norte, a região de Juazeiro, no Vale do São Francisco, que se destaca na produção de uvas e frutas tropicais, como manga, melão e melancia, fica mais perto de Aracaju do que de Salvador, assim como Petrolina, na mesma região, fica mais perto de Maceió, Aracaju e até Salvador do que de Recife, a capital do estado.

A divisão irracional do Brasil prejudica o setor produtivo por causa dos entraves burocráticos propostos pelo pacto federativo de 1988. A presença do estado se dá pelo estado presente e não por imposição burocrática. Um centro administrativo não serve a outro por falta de legitimidade federativa.

A política brasileira fora criada a partir da Proclamação da República para promover o desenvolvimento social e econômico. Os políticos, de então, alegavam que o antigo regime monárquico estava ultrapassado e precisava de um novo modelo que alternasse a ocupação do comando do estado para evitar o comodismo e vícios administrativos no governo. O novo modelo não trouxe nada de novo, a única novidade era a alternância de comando e a escolha do Legislativo, pelo voto popular, e não mais um grupo de conselheiros escolhidos pelo monarca. A política implantada para resolver os problemas acabou criando mais porque passaram a colocar política em tudo.

As regiões metropolitanas que não enfrentam problemas com a divisão geopolítica, eventualmente, enfrentam problemas políticos, por ordem de administrações desastrosas, o que compromete o conjunto regional.

O estado de São Paulo é o mais desenvolvido regionalmente do Brasil e carece de uma profunda reformulação geopolítica, porque o modelo político atrapalha o desenvolvimento do conjunto municipalista. O estado está entrecortado por vários polos de desenvolvimento que superam, em muito, a maioria das capitais de estado do resto do Brasil. A principal delas é a Região Metropolitana de Campinas. Apesar da pequena distância da capital do estado, a região mereceria uma autonomia maior. Depois do conjunto de municípios do entorno de Campinas, vêm outras importantes metrópoles, como Baixada Santista, Bauru, Ribeirão Preto e Vale do Paraíba. Em todas essas regiões as cidades já se fundiram umas com as outras de maneira a não se ver mais separação.

Percorrendo o Brasil afora, podemos observar o Sul do Brasil com os polos de desenvolvimento das Serras Gaúcha e Catarinense, que, apesar de não terem a capital de outro estado como ameaça, têm vida própria e nada devem às respectivas capitais. No Rio de Janeiro temos polos importantes, como o topo da serra, com Volta Redonda, a cidade do aço, e sua influência sobre as vizinhas, Resende e Barra Mansa, na Região dos Lagos, o Polo Petrolífero, com a cidade de Campos impondo a sua importância sobre Macaé, Cabo Frio e Rio das Ostras. Na Serra, há o polo turístico e histórico, no binômio Teresópolis–Petrópolis. Todos esses pontos citados mereceriam, no mínimo, autonomia administrativa, que não precisava necessariamente ser política.

O Brasil deveria pensar em algo parecido com o modelo de condado, dos Estados Unidos, porque o fator político é dispendioso e mais atrapalha do que contribui para o desenvolvimento social e econômico.

A política brasileira está presente em tudo, foi inventada com o pretexto de resolver os problemas sociais, mas o que mais faz é gerar outros muito piores. As cidades de fronteiras, por exemplo, não deveriam ter prefeitos, assim como as cidades-satélites de Brasília. Ponta Porã, no Mato Grosso, Uruguaiana, no Rio Grande do Sul, e Foz do Iguaçu, no Paraná, deveriam ser governadas por um modelo administrativo não convencional, como a maioria dos municípios brasileiros. A tese de que a vontade do cidadão é soberana, assim como reza o artigo 1º da Constituição, não se sustenta por se tratar de um território de fronteira, o que envolve a segurança nacional. Os vícios políticos e os inevitáveis envolvimentos podem comprometer qualquer projeto de governo sério, porque o universo em questão é atípico e melindroso por conta da relação imediata com um país estrangeiro e a fronteira entre ambos.

Rompendo fronteiras

As vastas terras brasileiras, desde o início da sua formação, sempre serviram para receber imigrantes do mundo inteiro. A sua grande extensão, que atinge os hemisférios Sul e Norte, consegue atender às mais diversas exigências climáticas da população mundial. A Região Sul se assemelha à Europa Ocidental, então fora ocupada por emigrantes da Alemanha, Itália, Polônia e de Portugal. O Nordeste, pela semelhança com o Médio Oriente, tornou-se o lugar preferido para árabes, libaneses e israelenses judeus, entre eles vítimas do holocausto, e depois vieram tantas outras etnias que se espalharam pelo território, dando origem à raça miscigenada que forma a população brasileira.

As imigrações recebidas pelo Brasil se deram por problemas diversos em vários países do mundo. As causas variam, desde guerra, escassez de alimento e até peste e doenças. Primeiro foram os portugueses surfando na onda da colonização, depois vieram franceses, holandeses, árabes e italianos, Alemães, espanhóis e africanos não são classificados como imigrantes, porque o motivo da sua vinda foi alheio à sua iniciativa.

A ocupação das terras brasileiras se deu de forma não planejada e a sua imensidão se tornou uma tentação ou talvez um leque de opções de escolhas de espaços e conquista das terras. Por essa e outras razões o Brasil nunca conseguiu controlar nem administrar as migrações internas. As consequências são estagnação de cidades do interior e inchaço das grandes metrópoles, comprometendo o planejamento urbano, atendimento à saúde, a segurança pública e educação de qualidade.

As tentações das grandes cidades, com ofertas de emprego e melhoria da qualidade de vida, arrebatam famílias inteiras, de um lugar para outro, sem saber o quê, de fato, os espera do outro lado.

A primeira grande migração interna no Brasil se deu no final da década de 1950, com a implantação da indústria automotiva no Grande ABC Paulista. Na mesma década houve outra leva de emigrantes para a construção de Brasília, a futura capital do Brasil. Vindos de várias regiões do Brasil, os construtores de Brasília originaram uma nova etnia, os "candangos".

Na década de 1950, o Brasil vivia uma grande carência de infraestrutura e mobilidade. Pouco diferente de hoje, o Brasil era um país completamente desestruturado, com exceção do Sudeste, principalmente o estado de São Paulo, que já contava com uma malha viária mais estruturada, de modo a atender às necessidades da sua população e do sistema produtivo. Ainda na década de 1950, época da construção de Brasília, o transporte de massa se dava por caminhões pau de arara, uma adaptação das carrocerias dos caminhões com bancos transversais onde os viajantes se sentam para seguir viagem. Entre os passageiros de pau de arara, durante a Diáspora Nordestina, figuram personagens ilustres, como o presidente da República do Brasil, Luiz Inácio Lula da Silva, e Bira Porto, o autor desta obra. Na época, as empresas de transporte coletivo, em carrocerias fechadas, tipo ônibus, por falta de estradas, eram poucas e só atendiam aos grandes centros, como São Paulo–Rio de Janeiro, Belo Horizonte, Curitiba e Porto Alegre.

A década de 1960 foi marcada por várias etapas de migrações nordestinas causadas pelas longas estiagens, estagnação das lavouras, escassez de alimentos e, principalmente, falta de infraestrutura urbana das cidades, que não tinham perspectiva de crescimento. Isso facilitou a projeção de grandes empresas de ônibus de transporte de passageiros em linha de longas distâncias, como é o caso da gigante Viação Itapemirim, São Geraldo, Novo Horizonte, entre outras de menor expressão, mas que contribuíram para ocupar o espaço dos paus de arara e levar um mínimo de conforto aos viajantes.

Adeus, pau de arara

O surgimento dos ônibus, a partir da década de 1960, não premeditou o fim definitivo do pau de arara. A construção gradativa das rodovias – BRs 101 e 116 – não chegou a ser num facilitador do acesso às pequenas cidades, então, as interligações continuaram sendo feitas pelos pequenos caminhões, mas isso não impediu o crescimento meteórico das companhias de transporte coletivo de passageiros.

Os problemas de transporte poderiam muito bem serem minimizados se os governos brasileiros dessem importância ao transporte ferroviário. Um dos exemplos foi a investida do governo britânico com construção da Great Western of Brazil[7], um conjunto de estradas de ferro que ligava o Sertão nordestino aos portos de Recife, Natal e Fortaleza. Os empreendimentos tinham como meta a captação de produtos do agronegócio, como algodão, café, cacau e, principalmente, açúcar, mas contribuíam com o transporte de passageiros. Grande parte dessas rodovias ainda resiste, mesmo em estado precário de conservação e investimento, mas deveria ter sido dada sequência na sua construção, interligando a outras partes do Brasil, assim como a Transiberiana, a ferrovia mais longa do mundo, que liga Moscou, capital da Rússia, a Vladivostok, no extremo leste do país, com 12 mil quilômetros de extensão.

A chegada dos militares ao comando do Brasil, em 1964, trouxe a ordem de massificar o transporte rodoviário, em detrimento do ferroviário,

---

[7] Companhia inglesa que construiu ferrovias no Sertão do Nordeste, em meados do século XIX. A estrada de ferro ligava a capital Recife às cidades do Sertão pernambucano, como Caruaru, Tacaimbó, Limoeiro e Afogados da Ingazeira.

como opção de impulsionar o desenvolvimento da indústria automotiva e petrolífera. A malha ferroviária fora estagnada e o investimento em rodovias praticamente não saiu do ligar, apesar da conclusão das BRs longitudinais, 116 e 101, o restante resultou em verdadeiros desastres, como a BRs230 (Transamazônica), que não passa de um corredor de atoleiros, com 6 mil quilômetros de extensão; a BR 381 (Fernão Dias), que, com exceção do trecho São Paulo–Belo Horizonte, nunca foi concluída e tem trechos perigosos, com o maior número de acidentes do Brasil; e a BR 364, que corta o Centro-Oeste, servindo ao transporte de grãos e bois, estreita e sem acostamento, levando aos motoristas um verdadeiro martírio ao percorrer o seu leito.

O transporte terrestre no Brasil está entre os mais caros do mundo por conta da péssima qualidade das estradas, o que o torna ainda mais perigoso. Se por um lado a indústria automobilística e a petrolífera ganham, o país perde, por conta do risco e do alto custo da operação. O preço é descarregado em cima do consumidor final.

O pau de arara já não existe mais, mas o transporte coletivo ainda tem muito a desenvolver, apesar dos carros modernos e confortáveis. O mesmo não se pode dizer sobre as estradas. O governo federal dispõe de apenas 4% do orçamento (R$ 12 bilhões), mas por falta de controle dos gastos, esse dinheiro desaparece no atendimento aos caprichos do Congresso e atrapalhadas administrativas.

9

FERROVIAS PELO BRASIL

A história da extensão da malha ferroviária brasileira começa ainda no Brasil Império, por volta de 1850. Antes disso, a América do Norte e o Velho Mundo europeu já se encontravam entrecortados por ferrovias, e o Brasil, pela sua importância na produção de açúcar e algodão, era o ponto mais importante a receber esse tipo de estrutura.

Quando as ferrovias começaram a surgir, não havia outro modal de transporte tão impactante. Os veículos automotores, como carros e caminhões, ainda não existiam e o principal meio de transporte de cargas e pessoas era de tração animal. Com isso, as ferrovias rapidamente passaram a dominar os meios de transporte de cargas no país e foram se espalhando por todo o território nacional, principalmente nos estados mais importantes para a produção de gêneros alimentícios, nos estados do Rio de Janeiro e São Paulo, e de minérios de ouro e prata, em Minas Gerais.

Mesmo depois de se passar mais 150 anos do começo das ferrovias, grande parte da malha ferroviária que fora construída na época ainda segue sendo utilizada e desempenhando um importante papel para o transporte ferroviário atual. Dos 29 mil quilômetros de ferrovia, construídos no território brasileiro, 10 mil quilômetros foram construídos durante o Brasil Império.

Não se pode negar que o transporte rodoviário no Brasil atingiu um alto nível de eficiência, apesar dos gargalos gerados pelo crescimento e pela falta de capacidade dos governos de sanar esse problema. Mesmo assim, muitas linhas férreas foram abandonadas e outras sucateadas, ainda que entrecortando territórios municipais administrados por prefeitos tacanhos e incapacitados para a manutenção desse importante e útil instrumento. O cenário começou a mudar no final do século passado, com a mudança na legislação da administração das linhas férreas, dando maior brecha para investimento privado no setor. Os números da quantidade, densidade e peso da extensão da malha ferroviária brasileira ainda estão aquém do desejado. Atualmente, o Brasil tem pouco mais de 29 mil quilômetros de linha férrea espalhada pelo território brasileiro e a distribuição é um tanto quanto irracional.

A malha ferroviária brasileira está concentrada na Região Sudeste, com 47% da malha ferroviária nacional. Em comparação, as regiões Norte e Oeste, que são setores importantes na produção de grãos, carne e minérios, ocupam apenas 8% na malha ferroviária nacional. O outro restante está concentrado no Sul e Nordeste. A maior linha ferroviária do Brasil, com 12 mil quilômetros de extensão, é administrada pela Rumo Logística. A linha da Rumo liga o Sul ao Norte do Brasil, passando pelo Sudeste (São Paulo e Minas Gerais) e Centro-Oeste (Goiás).

A concentração das linhas nas regiões Sul, Sudeste e Nordeste, que são as regiões mais produtoras do país, se dá por conta da proximidade com os portos do litoral do Atlântico. Passando pelo agronegócio e pela indústria, estados como São Paulo, Minas Gerais, Paraná e Bahia se destacam na produção de insumos importantes na economia nacional, como minérios, grãos, gado, café, cacau e algodão. A densidade da malha ferroviária brasileira também é algo preocupante. O Brasil tem apenas 3,1 metros por quilômetro de linha férrea por quilômetro quadrado, número bastante reduzido, principalmente se comparado aos vizinhos, como Argentina, que possui mais de 15 m/km². Se comparar aos Estados Unidos, país de extensão semelhante à do Brasil, aí é que a coisa fica feia. Os Estados Unidos têm a malha ferroviária mais extensa do mundo. Nos Estados Unidos a densidade da malha ferroviária é de 150 m/km².

A falta de investimentos mais intensos no setor ferroviário é um dos maiores desafios logísticos no país. Apesar da velocidade superior, o transporte rodoviário, que predomina no setor modal brasileiro, não consegue empurrar o Brasil um passo à frente, por conta das suas limitações, o que emperra o setor produtivo, afoga as rodovias, compromete a segurança e gera prejuízos com avarias por acidentes ou deterioração, em face da vida útil do produto.

O trem possui a capacidade de transporte de uma grande quanti-dade de caminhões, fazendo com uma grande quantidade de produtos seja transportada em apenas uma viagem. Como diminui consideravel-mente a quantidade de veículos em movimento, a emissão de poluentes na atmosfera é reduzida. Essas são algumas das vantagens e soluções que o investimento no transporte ferroviário poderia trazer para o país. Comprovadamente isso é um sucesso em grandes nações no mundo inteiro. O cuidado com investimentos em manutenção e estruturação no setor ferroviário é o que faz de países como Estados Unidos, China e Rússia referência no setor de transporte.

> [...] Recentemente viralizou nas redes sociais um vídeo que propagava a construção da "Ferrovia do Sol", a revitalização da antiga estrada de ferro que cortava o Nordeste trans-portando passageiros de Fortaleza, no Ceará, até Recife, no Pernambuco, depois percorrendo o Sertão Nordestino, passando por Juazeiro do Norte, no Ceará, Patos e Campina Grande, na Paraíba, a capital João Pessoa, Cabo de Santo Agostinho até chegar a Recife, capital do Pernambuco.

> Entretanto, o episódio da ferrovia ensolarada não passou de uma estória do senador Roberto Rocha, que sonha com essa estrada de ferro transportando turistas ao longo da Costa Nordestina. Na ideia do senador, o trem partiria de São Luiz, no Maranhão, passaria pelos estados do Piauí, Ceará, Rio Grande do Norte, Paraíba, Pernambuco, Alagoas, Sergipe e finalizaria em Salvador.

> A ideia poderia desencadear, além de uma opção, um atra-tivo a mais para desenvolver o turismo na região, mas não saiu do Twitter, além das fake news propaladas como propositura eleitoral durante o pleito de 2022.

Trem-bala

O transporte ferroviário figura entre os mais massificados pelos países mais desenvolvidos do mundo, chegando ao ponto de aprimorar a sua eficiência e de concorrer com a velocidade do avião, como é caso dos trens de alta velocidade, já utilizados na Europa – França, Inglaterra, Bélgica, Holanda e Luxemburgo – e na Ásia – China, Japão e Coreia. A fama do TAV (trem de alta velocidade) pelo mundo fez o Brasil sonhar em, também ter o seu trem-bala. O primeiro ensaio surgiu há 34 anos, ainda no Governo Sarney, com o empresário Olacyr de Moraes. A ideia inicial era fazer o transporte de carga entre a cidade de Cuiabá, capital do Mato Grosso, interligando as cidades do Triângulo Mineiro – Uberlândia e Uberaba – e Porto Velho, em Rondônia, com Santarém, no Alto Tapajós, no Pará. Por meio de um decreto presidencial, Moraes conseguiu a concessão e tinha até cinco anos para tirar o projeto do papel. Como não deu o pontapé inicial, a concessão venceu e o trem não chegou. O empresário do setor de capitalização Artur Falk também conseguiu a concessão para construir um trem de alta velocidade ligando as cidades de Rio de Janeiro e São Paulo. O projeto nunca saiu do papel e Falk perdeu a concessão.

Depois de Sarney, passando pelos presidentes Collor de Mello e Franco, sem se falar em trem-bala, chegou a vez de FHC tocar no assunto. Em 1999, o então presidente do Plano Real decidiu desenterrar o assunto e entrar em contato com o governo da Alemanha, quando fizeram um acordo de cooperação tecnológica para buscar uma solução para o transporte do eixo São Paulo-Rio. A Deutshe Bahn, uma das maiores empresas ferroviárias do mundo, fez um estudo detalhado do trecho e concluiu que a solução para o transporte de passageiros, entre as duas cidades, seria a construção de um trem de alta velocidade. Mais uma vez a tentativa fracassou porque o projeto apresentado aos empresários chegou incompleto e carecia de alguns ajustes, os quais não foram providenciados.

O ensaio animador, no início do primeiro Governo Lula, revelou um sério problema pelo qual passa o Brasil: a limitação da estrutura aeroportuária. Vários fatores levaram o então presidente Lula a ressuscitar o projeto do trem-bala. Dois acidentes aéreos trouxeram preocupação, a colisão de um Boeing da Gol com um jatinho e a derrapagem de um jato da Latam, em Congonhas, que o levou a chocar-se contra um edifício, matando 234 pessoas. Foi o suficiente para o presidente trazer o assunto à tona, porque o Brasil tinha uma Copa Mundial de Futebol e uma Olimpíada pela frente, o que poderia deixar o mundo apreensivo. As discussões sobre o trem de alta velocidade, entre Rio e São Paulo, foram retomadas e a então ministra-chefe da Casa Civil, Dilma Rousseff, começou a contatar investidores ao redor do mundo inteiro a fim de atrair interesses para o novo empreendimento. O Brasil chegou a receber investidores de várias partes do mundo, principalmente da Europa, mas a apresentação que mais surpreendeu Dilma foi a dos coreanos, que mostraram o funcionamento do trem KTX (Korea Train Express).

Em 2008, de acordo com o projeto ora estruturado, ficou acertado que o governo contrataria uma companhia para construir e operar a malha ferroviária; em contrapartida, forneceria um financiamento de 30 anos pelo Banco Nacional de Desenvolvimento Econômico e Social (BNDES).

No final de 2010, o governo tentaria fazer o primeiro leilão para a construção dos trilhos do TGV e o grupo coreano KTX4TAV foi o único que manifestou interesse no empreendimento, mas, por pressão de empreiteiras brasileiras, o leilão foi adiado. Em abril de 2011 houve nova tentativa de realização do leilão e, talvez pela fragilidade do Governo Dilma, não transmitiu credibilidade e mais uma vez foi adiado. Uma nova tentativa ocorreria em junho daquele mesmo ano, mas não houve interessados, em virtude dos desgastes anteriores.

Ainda no cambaleante Governo Dilma, o projeto do trem-bala foi modificado para a apresentação do empresariado. A nova proposta era que o próprio governo construiria o trem-bala e contrataria um operador do trem a um custo de R$ 42 bilhões pelo uso da estrutura e, assim, o governo pagaria por uma obra que ele mesmo fez. O novo modelo atraiu o interesse de dois grupos, um espanhol e um francês. O certame estava agendado para 2013, mas o governo decidiu adiar por ele mesmo. Quase uma década se passou e o projeto do trem-bala segue amarelando na gaveta.

10

DESCENTRALIZAÇÃO

No final da década de 1970, Maluf, então governador do estado de São Paulo, deu início a um projeto de descentralização do desenvolvimento do Estado, dando incentivo às empresas, sobretudo as indústrias, a mudarem suas instalações para as cidades do interior do Estado, que dispunham de infraestrutura básica para atender às demandas básicas a desempenhar suas atividades. A ideia era descongestionar a região metropolitana, que já dava sinais de saturação – saneamento básico, energia elétrica, assistência à saúde, educação e segurança pública. A iniciativa foi um sucesso e várias regiões tomaram um impulso de desenvolvimento acima do esperado. De início, os prefeitos ofereciam desde infraestrutura até incentivos fiscais, a fim de gerar emprego, ocupação e renda às respectivas populações. Depois virou uma guerra em que as cidades ofereciam inclusive as instalações industriais, entre outras regalias, que acabavam gerando prejuízo aos cofres públicos e, em alguns casos, até prejudicavam a empresa nativa da cidade, que acabava ganhando um concorrente.

A ideia de São Paulo se espalhou pelo Brasil, mas caiu em desuso em virtude da precariedade da malha viária brasileira. Mesmo assim ainda aparecem desavisados, principalmente em época de eleição, propondo incentivos e renúncia fiscal às empresas que se prontificam a mudar de domicílio.

A história contemporânea nos conta que a evolução das cidades se deu de forma simultânea com o crescimento da própria indústria. Isso aconteceu com a Europa inteira nos tempos renascentistas, com o surgimento das manufaturas e a formação dos burgos. O centro manufatureiro era gerador de empregos e, assim, recebia a concentração da massa trabalhadora que fixava residência a sua volta.

No Brasil temos vários exemplos, como o surgimento de bairros em volta de portos e aeroportos, onde determinado parque industrial dá sinais de crescimento e absorção de mão de obra. Como reflexo se vê a melhoria da qualidade das moradias e crescimento dos pontos comerciais de varejo.

São inúmeras as referências de prosperidade municipal. Podemos citar, por exemplo, a cidade de Votorantim, no interior de São Paulo, que por muito tempo fora um distrito do município de Sorocaba. Uma formação rochosa – matéria-prima para a fabricação de cimento – no interior do distrito foi a razão para a instalação da maior fábrica de cimento do Brasil. Em pouco tempo o distrito já tinha habitantes que superavam em número a maior parte das cidades circunvizinhas. Distante apenas 3 quilômetros do centro de Sorocaba, a sede do município, Votorantim enfrentou uma série de entraves para conquistar sua autonomia política. Mas conseguiu e hoje é uma cidade com cerca de 120 mil habitantes e com um parque industrial que gera empregos para Sorocaba e as cidades vizinhas, além de concorrer com a sua cidade-mãe pelo posto de polo econômico da microrregião.

Em tempos remotos, quando o Brasil fazia o papel atual, não desenvolvia uma política industrial, as indústrias se instalavam de forma aleatória, geralmente se construíam vilas operárias a sua volta. Em alguns casos acabaram se transformando em cidades que existem até hoje e outras se transformaram em vilas fantasmas com a falência ou fechamento das fábricas, que na maioria eram tecelagens, lanifícios, moinhos de trigo e cerâmicas.

11

TERRA DE BICHOS DO MATO

O rótulo de país de economia agrícola ofusca a visão dos prefeitos a ponto de não conseguir enxergar a vocação industrial da sua praça. Ainda que não seja a máquina de enxugar gelo ou a ensacadora de fumaça, para o dirigente municipal, o que caracteriza a indústria são apenas os grandes parques industriais. Dentro do âmbito municipal, o marceneiro, o capoteiro, o montador de estofados, o oleiro, o bloqueteiro, o padeiro e até o biscoiteiro não são vistos como atores industriários. A indústria primitiva do mundo, para chegar ao ponto que chegou hoje, passou pela manufatura e pelo artesanato. Existe uma infinidade de produtos que são importados pelos municípios, os quais poderiam ser produzidos pelos trabalhadores da própria cidade, quando não se exige tecnologia sofisticada.

Tudo o que é preciso é descobrir a vocação econômica, a produção agrícola e os recursos minerais para a indústria extrativista e de refino. Há municípios que não exploram seus recursos naturais e permitem o escoamento da produção in natura sem exigir contrapartida pela perda do serviço de beneficiamento.

Potiraguá é uma cidade do sudoeste da Bahia, com uma população de pouco mais de 6 mil habitantes, e que tem um subsolo riquíssimo em minerais – granito e silício – onde é encontrado o granito Azul Bahia, material raríssimo cuja produção é quase toda para a exportação. Os minerais de Potiraguá saem de lá em estado bruto a preço bem reduzido porque não é empregado o trabalho de refino e aparelhamento. Ainda na Bahia, no Extremo Sul, está Guaratinga, com uma população de 20 mil habitantes. É um município de economia agrícola, com produção de cacau, café, eucalipto, farinha de mandioca e gado. A cidade de Guaratinga está encravada entre os rochedos de uma cordilheira, formando uma paisagem interessantíssima, com montanhas e vales entre as chapadas. As formações rochosas proporcionam uma infinidade de granitos das mais variadas tonalidades. O granito de Guaratinga sai de lá em formato bruto, assim como cacau, café e a madeira de Eucalipto. Na década de 1990, a população de Guaratinga girava em torno de 30 mil habitantes. Hoje tem sua população reduzida em 30%. A falta de perspectiva refletida por administrações desastrosas manda a população jovem toda para outros centros, como São Paulo, Rio de Janeiro, Belo Horizonte e até a Europa, em busca de melhoria da qualidade de vida, porque as riquezas naturais, da sua terra, não servem à sua gente.

A Bahia é um estado nordestino que cobre quase 40% do território da sua região. Apesar da porção catingueira, região árida que sofre com longas estiagens, sua base agricultável ainda é superior à de todos os seus vizinhos nordestinos, dando destaque para a produção de milho, soja, algodão, guaraná e cacau. Estes dois últimos já chegaram a liderar a produção nacional. Além do solo fértil, o subsolo oferece uma infinidade de recursos minerais, como ferro, zinco, grafite, pedras coradas e diamante – a Chapada Diamantina ainda tem muito diamante escondido.

As riquezas naturais não conseguem fazer da Bahia um estado próspero. Por conta de heranças culturais dos idos coronelísticos, o Estado tem os piores indicadores entre os estados mais populosos do Brasil. Desemprego, pobreza, miséria e violência são reflexos da pior educação do Brasil – a terceira pior do Brasil, perdendo apenas para o Pará e Rio Grande do Norte – segundo o IBGE. O estado não consegue acompanhar o ritmo de desenvolvimento do terceiro milênio, o tempo da velocidade meteórica, porque na interligação entre as cidades as estradas ainda se assemelham a trilhas dos tempos de tropas de mulas e, por isso, as pequenas cidades entram em estado de estagnação por ficarem fora das rotas de interligação com os grandes centros.

Longe de ser uma exclusividade baiana, esse fenômeno tem se repetido por todo o Nordeste, o que tem até favorecido as cidades-polos, como Mossoró, no Rio Grande do Norte, Caruaru, Garanhuns, Serra Talhada, Petrolina e Arco Verde, em Pernambuco, Arapiraca, em Alagoas, Lagarto, em Sergipe, Barreiras, Feira de Santana, Itabuna, Vitória Conquista, Teixeira de Freitas e Eunápolis, na Bahia. Essa nova ordem da migração tem como justificativas a saturação das cidades do Sul, a descentralização dos meios de produção, comércio e distribuição e a disseminação da oferta universitária, tanto federal quanto estadual, além do sistema privado de ensino superior. Vale ressaltar que, embora o ensino universitário comece a chegar nessas regiões, elas ainda sofrem com a escassez de mão de obra para a formação de corpos docentes, tanto pública quanto privada, o que compromete a qualidade e o nível desejado. Outro fator também pode ser atribuído à inoperância do estado, no setor educacional, talvez por incompetência, talvez intencionalmente, porque um povo ignorante torna-se mais vulnerável à dominação política, o que abre margem para outro segmento comercial, que são as graduações a distância. Uma leva de profissionais recém-formados tem inundado o mercado de trabalho nos mais diversos ramos de atividades. A falta de regulamentação de algumas profissões tem causado uma enorme confusão e comprometido a qualidade dos serviços, principalmente no setor público.

A nova onda liberal promete dar suporte à iniciativa privada como forma de promover o desenvolvimento econômico e isso envolve, inclusive, o ensino superior, em detrimento da universidade pública, que segundo seus pensadores impõe o Estado como concorrente de um segmento comercial primordial ao progresso social. Isso tem gerado enorme confusão e acendeu o debate sobre a responsabilidade social do estado na educação e formação profissional das classes ascendentes. A proposta liberal é chegar ao nível dos Estados Unidos, com universidades estruturadas e de referência internacional. Contudo, o problema esbarra na falta de estrutura ofertada pelos governantes liberais da atualidade. A indústria educacional não vai conseguir se desenvolver com uma clientela estagnada. O cidadão que ganha um salário de R$ 1.300,00 jamais terá condições de manter um filho na universidade.

As pequenas cidades expulsam seus filhos mais novos para fora porque não têm nada a oferecer. Os parcos recursos que deveriam ser aplicados no desenvolvimento social – e isso envolve principalmente a educação – são destinados à sustentação da classe política local, porque o principal empregador do território é o município. O atual modelo municipalista transforma as pequenas cidades em um peso morto para os estados e a União.

O Município Cachimbo e o Prefeito Linguiça

Como foi citado anteriormente, sobre a vocação econômica do território municipal, o município pode e deve produzir o próprio sustento sem, inicialmente, depender da iniciativa privada. É só valorizar e se valer do que tem disponível em recursos naturais e minerais.

12

CAFÉ COM LEITE

A política do café com leite[8] foi um movimento político brasileiro protagonizado pelos estados de São Paulo e Minas Gerais. O combinado surgiu na primeira formação da República brasileira, depois do Governo Campos Sales, em 1898, e durou até 1930, quando o acordo foi rompido pelo então presidente Washington Luiz, que preferiu impor a candidatura de Júlio Prestes, então presidente da Província de São Paulo, em detrimento de Antônio Carlos, à época presidente da Província de Minas Gerais. Em protesto, Minas decidiu apoiar a candidatura de Getúlio Dorneles Vargas, então presidente da Província do Rio Grande do Sul. Mesmo sem o apoio de Minas Gerais, Prestes venceu a eleição, mas não assumiu porque antes da sua posse o seu antecessor, Washington Luiz, foi deposto do cargo, em decorrência da Revolução de 1930. No lugar de Washington Luiz e Prestes, assumiu Vargas como interventor federal. Com o enfraquecimento da influência política do estado de Minas, o estado da Bahia, que vinha perdendo terreno para Minas Gerais, tratou de instalar postos fiscais de coleta nas divisas imaginárias entre os dois estados. Por meio dos postos fiscais surgiram as cidades de Almenara, Jacinto, Nanuque e Pedra Azul, em Minas Gerais, e a Bahia, por sua vez, para evitar o avanço mineiro sobre suas terras, tratou de instalar postos fiscais em Posto da Mata, Itanhém, Medeiros Neto, Buranhém e Encruzilhada. Esta última ainda alimenta uma briga de quase 100 anos com a cidade mineira de Pedra Azul. Os postos fiscais permaneceram de 1930 até a década de 1950, quando Juscelino Kubitschek de Oliveira,

---

[8] Foi um combinado político da Velha República, em que o comando do Brasil era alternado entre os estados de Minas Gerais e São Paulo. Sua ruptura ocorreu por conta do então presidente Washington Luiz, que preferiu apoiar um aliado paulista, Prestes, na vaga que seria de um mineiro. Minas se rebelou contra o governo e passou a apoiar um candidato do Rio Grande do Sul, Vargas, que, apesar de derrotado, acabou assumindo o poder como interventor federal.

chamado de JK, despontou como liderança emergente e sua chegada à presidência da República prometia causar perdas significativas de terras ao estado baiano. A disputa foi a toque de caixa, Minas emancipava um município de um lado, a Bahia emancipava do outro. Foi assim que surgiram cidades como Nanuque, Almenara, Pedra Azul, Salto da Divisa e Santa Maria do Salto, todas na linha divisória entre o estado de Minas e o Cone Sul do estado da Bahia. Do lado baiano surgiram os municípios de Mucuri, Itanhém, Medeiros Neto, Guaratinga, Itagimirim, Potiraguá e Encruzilhada.

A briga por tanta terra entre dois estados gigantes não tem contribuído em nada com o desenvolvimento do Brasil. A região, tanto do estado mineiro quanto do baiano, vive em total abandono. O lado mineiro pertence à porção mais pobre do estado de Minas Gerais, enquanto o lado baiano dispõe de uma faixa de terra fértil, por pertencer à Zona da Mata, e ainda tem o banho morno das águas do Oceano Atlântico, belas praias e um potencial turístico eminente, pouco explorado por conta da falta de infraestrutura, falta de estradas de ligação entre as cidades, sistema produtivo inoperante, tanto agrícola quanto industrial, e educação de baixo nível. Tudo isso é reflexo de ações políticas equivocadas propostas por uma classe política viciada, despreparada e submissa. Há casos de cidades cortadas por rodovias, federais e estaduais, com acesso a aeroporto de porte internacional, cujo principal empregador é a prefeitura. Ainda que seja uma região com um potencial de desenvolvimento, por dispor de uma série de recursos naturais e minerais, o Cone Sul da Bahia ainda sonha em adquirir munição para encarar o front da guerra fiscal e colocar as pequenas cidades, esquecidas pelos governos do estado, na rota do desenvolvimento industrial.

13

SUSTENTABILIDADE MUNICIPAL

A nova ordem mundial – e também um desafio – é encontrar um meio que garanta a sustentabilidade das cidades. Pouca gente consegue entender o que isso venha a significar, o que gera outro desafio ainda mais complicado: a sustentabilidade é apenas um termo utilizado para dimensionar as ações do homem, na busca pela melhoria da qualidade de vida e sua relação com a sociedade e a natureza. Transformar o ambiente em que vive em universo sustentável tem sido uma preocupação de estudiosos do mundo inteiro, mas a questão tem esbarrado em autoridades que preferem priorizar o desenvolvimento econômico em detrimento da qualidade de vida, tanto para o momento quanto para as gerações futuras.

As lutas travadas entre governos e entidades científicas e ambientais espalhadas pelo mundo inteiro só têm gerado desacordos e nenhum resultado positivo que aponte a direção do caminho. A luz de alerta se acendeu há cerca de 40 anos e uma série de conferências climáticas já foram realizadas pelos quatro cantos do mundo, mas a preocupação com a emissão de poluentes na atmosfera e, consequentemente, o aquecimento da Terra, o derretimento das calotas de gelo dos polos e a elevação do nível dos mares não tem atingido a cabeça das autoridades dos principais países industrializados, como Estados Unidos, Rússia e China.

O Protocolo de Quioto, no Japão, exposto em 1997, foi consequência de outros eventos, principalmente o encontro de Toronto, no Canadá, em outubro de 1988, depois em agosto de 1990, em Sundsvália (Suécia). Na sequência, veio a Eco 92, no Rio de Janeiro (Brasil), até chegar a Quioto (Japão), em 1997. Ainda que todos os presentes estivessem de acordo, o documento só viria a ser ratificado em março de 1999, mas dependia da anuência dos 55 países responsáveis pela emissão de mais 50% dos gases causadores do efeito estufa. O documento passou a vigorar em 2005, depois que a Rússia decidiu ratificá-lo em 2004.

Mesmo com todos os percalços que possam existir no caminho, a industrialização é o sonho da grande maioria das cidades brasileiras. O sonho liberal da industrialização do Brasil data da Revolução Industrial da Europa, lá pela metade do século XVII, quando a evolução tecnológica deu um salto de desenvolvimento no Velho Mundo, levando o jovem mundo colonizado a sonhar acordado. Já se aproxima dos 200 anos o tempo que o Brasil corre atrás da sua industrialização, mas anda a passos de tartaruga, porque já fora ultrapassado por muitos países pequenos, de menor importância e sem os recursos naturais de que o solo brasileiro se dispõe.

Depois de 200 anos de industrialização mundial, enquanto países industrializados têm a sua economia sustentada pela indústria, o Brasil, mesmo com a infinidade de recursos disponíveis, matéria-prima abundante – minérios de metais, fibrosas, resinas, petróleo, gases naturais, fontes de energias renováveis –, não consegue fomentar a sua indústria a ponto de conseguir maior participação na sua economia. A participação da indústria brasileira no PIB é de apenas 23%. Isso significa que em um PIB de R$ 7,5 trilhões, a participação da indústria brasileira na economia gira em torno de R$ 1,27 trilhão. Ainda que seja uma participação significativa, é considerada tímida diante do potencial de que o território brasileiro dispõe. Mesmo assim a indústria brasileira segue alimentando o sonho da juventude, que busca a realização profissional e pessoal, porque a indústria é o setor empregatício que paga os melhores salários e ainda é a parcela da economia responsável pela maior fatia da arrecadação previdenciária.

Muito se fala em industrialização das cidades, como forma de promover o desenvolvimento econômico e a melhoria da vida da sua gente, mas com indústrias não poluentes ou indústrias sem chaminés. A questão esbarra na disponibilidade dos empresários dirigentes de indústrias, que dependem de um modelo adequado para atender às exigências de cada cidade que queira a implantação de um parque industrial. O modelo de indústria não poluente mais comentado tem sido o turismo. Entretanto, mesmo com a beleza das paisagens propostas pelo relevo brasileiro, não tem convencido os empresários do meio a investir no segmento turístico, porque, na cabeça da maioria, turismo só se faz em cidades litorâneas que têm praia. Por isso o turismo brasileiro á afunilado para o turismo de verão, colocando em segundo plano o turismo de inverno das serras Gaúcha e Catarinense, o ecoturismo, o turismo da terceira idade, o turismo de negócios e o turismo esportivo e religioso, que sempre movimentaram a massa viajante por várias épocas do ano. Sem a profissionalização do turismo fica inviável a implantação da indústria sem chaminés.

A visão limitada do empresário do turismo não é tudo o que emperra o desenvolvimento do turismo no Brasil, porque o poder público também tem dado a sua contribuição para enguiçar o troço. Ao receber o visitante, a cidade tem a obrigação de oferecer um mínimo de conforto para garantir a satisfação do hóspede. Do contrário, o visitante não vai querer repetir a visita nem recomendar a outras pessoas as qualidades do destino. Por isso, o poder público deve oferecer um mínimo de infraestrutura, como mobilidade, com transporte de qualidade, seja público ou privado, segurança ostensiva, assistência e cuidado à saúde, acessibilidade adequada e saneamento básico (água potável e esgotamento sanitário), porque é terrível o visitante adentrar a cidade e dar de cara com esgoto a céu aberto. Tudo isso gera um custo aos cofres públicos e o setor empresarial, que fatura com a atividade, deve retribuir com a movimentação da economia, pagamentos de impostos, geração de empregos e, consequentemente, o desenvolvimento econômico e social e da própria cidade.

Transformar ou explorar uma cidade como estância turística implica uma série de fatores que precisam serem levados em conta para que a atividade turística não sofra danos nem descaracterização que prejudique quem promove e quem consome o produto turístico. Por isso é que o tripé de sustentabilidades precisa ser observado, porque sem ele os danos serão bem maiores que os benefícios.

Sustentabilidades: social, ambiental e econômica

Social: o principal ponto da sustentabilidade social é a geração de emprego. O trabalho e o emprego são o principal direito social de um universo. A Organização Mundial do Turismo (OMT) sugere que a praça turística gere, no mínimo, 10% de empregos diretos e indiretos para combater a pobreza e minimizar as desigualdades sociais e os investimentos na educação, formação profissional de mão de obra para atender à atividade turística e da arte, cultura e esporte.

Ambiental: está relacionada a preservar a natureza e seus recursos naturais, reaproveitar e reusar a água, reciclar o lixo, entre outros resíduos sólidos, como forma de poupar a natureza no setor extrativista e contribuir na produção de insumos, principalmente fertilizantes, para a produção de alimentos saudáveis, além de contribuir com o equilíbrio da balança comercial local, evitando a importação de alimentos e, consequentemente, a exportação de dinheiro.

Econômica: é a mais complicada de se estabelecer por causa da cultura lucrativa. A concentração da renda oriunda do turismo é o principal entrave do desenvolvimento econômico. O dinheiro concentrado em poucos pontos de consumo inibe a circulação do capital e isso gera empobrecimento comunitário. Uma das formas de combater a concentração de renda seria a formação de cooperativas com a participação da massa trabalhadora em pé de igualdade. O empresário da iniciativa privada exige muito do poder público e pouco retribui. O Brasil, pela sua beleza natural e sua posição no globo terrestre, já era pará ter um turismo mais desenvolvido, mas peca pela falta de profissionalismo e maior responsabilidade com sustentabilidade.

O turismo brasileiro ocorre de maneira forçada, sobretudo nas capitais de estados, onde o visitante é obrigado a ir, mas sem perceber que a sua visita se caracteriza turismo. A exceção do turismo brasileiro fica por conta de Joinville, em Santa Catarina, e Gramado, na Serra Gaúcha, mas passa por outras regiões que deixam muito a desejar, como é o caso das cidades litorâneas de Santa Catarina, São Paulo, Rio de Janeiro e do Nordeste, onde é verão o ano inteiro.

As serras Gaúcha e Catarinense, uma região nova do ponto de vista turístico, estão anos luz à frente do Nordeste. Gramado e Joinville, por exemplo, segundo dados da Agência Brasileira de Promoção Internacional do Turismo (Embratur), recebem cerca de 6 milhões de visitantes cada uma, em média. Isso se deve ao nível profissional alcançado pelos promotores.

Na Bahia, Porto Seguro, que já foi um dos destinos mais procurados, vem perdendo espaço para as cidades coirmãs, como Prado, Caravelas e Ilhéus. Talvez por decisões equivocadas e desastres administrativos, a cidade regrediu em vez de evoluir no quesito turismo. O principal ponto diz respeito à sustentabilidade, além de transporte público ruim, operado por automóveis clandestinos, falta de saneamento básico, água fornecida intragável, malha viária precária e mobilidade urbana comprometida.

Guarulhos é uma cidade acunhada à cidade de São Paulo e chega ao ponto de não apenas ser fundida, mas também confundida à capital paulista. A proximidade com a capital traz benefícios, mas ofusca o próprio brilho, chegando ao ponto de ser uma metrópole sem a necessidade de iniciativas, porque é só esperar São Paulo tomar o rumo para Guarulhos, seguir a trilha e gozar dos mesmos benefícios.

Na década de 1990, Guarulhos passava por um processo de transição, depois do fim da separação entre direita e esquerda e a hegemonia do Movimento Democrático Brasileiro (MDB) no comando da cidade, e procurava se acertar nas mãos de Jovino Cândido. Na tentativa de dar um passo à frente, Cândido resolveu criar a Secretaria Municipal de Turismo, visando atrair a indústria hoteleira para atender à demanda local, pela proximidade do Aeroporto Internacional de São Paulo e do seu parque industrial. O objetivo principal era promover o turismo de negócios e eventos econômicos. A iniciativa do prefeito causou grande alvoroço, principalmente por parte da oposição na Câmara de Vereadores, que alegava ser um devaneio do prefeito aumentar as despesas do orçamento criando mais uma secretaria, uma vez que Guarulhos não tinha praia. O prefeito, por sua vez, rebatia dizendo que turismo não é só praia e passeio de ônibus. Existia também o turismo de negócios, o qual era a nova tendência da economia globalizada do terceiro milênio.

O Município Cachimbo e o Prefeito Linguiça

A iniciativa de Cândido surtiu efeito porque a rede hoteleira de Guarulhos aumentou de forma significativa ao ponto de facilitar a vida do viajante, que passou a se hospedar na cidade onde está instalada a maior parte das empresas e dos pontos de negócios. Enfrentar o deslocamento até a região central de São Paulo, onde está concentrada a maior parte dos hotéis, passou a ser uma opção e não mais uma obrigação.

Mesmo com relação com a cidade de São Paulo, com o maior aeroporto do Brasil e ostentando o maior parque industrial do Brasil, já no final do século XX, Guarulhos ainda carecia de uma rede hoteleira e de hospedagem. Uma cidade com todo aquele potencial ainda era carente de sustentabilidade.

E as confusões de Guarulhos não param por aí. Sua população, que se aproxima da casa de 1,5 milhão, é mantida pelos dividendos gerados pelo parque empresarial de Cumbica, que, apesar de ostentar os geradores da riqueza da cidade, sofre com o descaso e a falta de infraestrutura, além do sacrifício de viver em meio à nuvem de fumaça expelida pelas chaminés. Por essa razão, existe um forte movimento de separação da região com o resto do município, para assim tomar as providências no caminho da melhoria da qualidade de vida do povo da região. A elite guarulhense é radicalmente contra a separação e já se valeu de todos os artifícios, possíveis e impossíveis, para barrar a separação, alegando a inconstitucionalidade do movimento. O certo é que o desmembramento de Cumbica mata Guarulhos e todos sabem disso.

81

14

UM SONHO MULTINACIONAL

O século XX foi marcado pelo sonho multinacional, quando o mundo inteiro abria braços e pernas para abraçarem as gigantes da indústria mundial, a fim de instalarem fábricas em seus territórios. Era, na época, considerado o passo mais importante no caminho da modernidade e do desenvolvimento econômico.

Com o passar do tempo, a história foi mostrando que o caminho não era bem por aí, porque o progresso não deve ser importado, mas sim compartilhado de acordo com o desenvolvimento interno de cada nação. Um país não deve ser dependente e carente da tecnologia do outro, porque gera uma espécie de subserviência ou até mesmo escravidão. Um dos exemplos mais concretos são os tigres asiáticos: Japão, Coreia do Sul e Taiwan, que são países pequenos, mas velozes no desenvolvimento de novas tecnologias.

Do lado do Brasil, a coisa nunca saiu do lugar, pois atravessou o século sonhando em ser invadido por gigantes parques industriais de forma até a sacrificar o bem-estar do seu povo em troca de empregos com cargas horárias de trabalho excessivas e a permissão de remessas de lucros para os países de origem, desfalcando a circulação de moedas em sua praça. Resultado disso foram duros embates com multinacionais que depois de anos insistiam em achacar cidades e municípios com chantagens em troca de incentivos sob pena de retirada de suas instalações da praça.

Foi o que aconteceu com a Ford, montadora de veículos, e os estados do Rio Grande do Sul e da Bahia. A montadora foi aliciada pelo governador do estado do Rio Grande do Sul, na época Antônio Brito, que pretendia, com a iniciativa, dar uma injeção de ânimo ao desenvolvimento industrial no estado gaúcho. Para tal, o governador ofereceu uma série de incentivos, inclusive financiamento próprio, pelo Banco do Estado. Do contrário, seria esperado que a companhia fosse levar investimentos para engrossar as finanças do estado. Com a troca de governo, Olívio Dutra (PT) assumiu o lugar de Brito em 1999 e quis fazer uma observação no acordo. Quando a Ford passou a cobrar do estado a sua participação na instalação do parque fabril, o governo então entendeu que o poder público não tinha condições de atender a tais exigências.

Entenda a história

Logo no primeiro ano de Dutra frente ao governo do Rio Grande do Sul, a Ford pressionou o governo por mais incentivos fiscais, mesmo já tendo um contrato celebrado para a instalação de uma fábrica. A empresa, então, passou a afirmar que, caso mais incentivos fiscais não fossem dados, abandonaria o estado e iria para a Bahia, o que de fato aconteceu. O governador não cedeu e ainda pressionou a empresa a cumprir o contrato. Segundo dados do governo, a empresa e o estado do Rio Grande do Sul celebraram um contrato em março de 1998, estabelecendo benefícios fiscais e de créditos para viabilizar a implantação de uma fábrica da montadora em Guaíba, cidade da Região Metropolitana de Porto Alegre. Além disso, foi concedido um financiamento do Banrisul, no valor de R$ 210 milhões, em cinco parcelas de R$ 42 milhões. O total de benefícios superava os R$ 450 milhões, e a primeira parcela do Banrisul chegou a ser liberada. A situação se complicou com a mudança de governo. Em março de 1999, o governador do estado já era outro e o banco tinha nova direção. Quando a Ford quis reaver a segunda parcela do empréstimo, o Banrisul exigiu uma prestação de contas, como estabelecia o contrato. A Ford considerou que o atraso na liberação da parcela configurava quebra de contrato e utilizou isso como desculpa para abandonar o terreno ganho no município de Guaíba e montar a fábrica na Bahia.

Em 2000, a Procuradoria Geral do Estado (PGE) do Rio Grande do Sul ingressou com uma ação cível contra a Ford, por quebra unilateral de contrato, reclamando o ressarcimento dos valores repassados à empresa. Nove anos depois, em sentença de primeiro grau, a 5ª Vara da Fazenda Pública de Porto Alegre reconheceu a quebra de contrato por parte da Ford e determinou o ressarcimento dos valores recebidos para a sua instalação no Rio Grande do Sul.

A Ford na Bahia

A desistência do Rio Grande do Sul e sua preferência pela Bahia não foi apenas uma mudança estratégica nos planos da Ford, mas também um instrumento de marketing político do então estado, foi muito além das vantagens pretendidas pela empresa no Rio Grande do Sul e negadas pelo governo de lá; a Bahia ofereceu tudo e muito mais.

Além do terreno de 70 mil m² adquirido a preço simbólico, os impostos, como Imposto sobre Produto Industrializado (IPI) e Imposto sobre Circulação de Mercadoria e Serviços (ICMS), e regime especial previam a isenção do Imposto sobre Operação Financeira (IOF) nas operações de câmbio, já que se trata de uma organização multinacional. E não parava por aí. Por meio da Superintendência do Desenvolvimento do Nordeste (Sudene), a Ford teve redução do imposto de renda em 75% por dez anos e financiamento de 40% do investimento pelo Fundo de Investimento do Nordeste (Finor).

O que o ex-governador Dutra questionava eram as pretensões da Ford em obter vantagens sobre os recursos públicos, os quais deveriam estar à disposição do bem-estar do povo gaúcho. Segundo o entendimento dele, a montadora americana era uma instituição de atividade lucrativa e tinha na venda de veículos a sua principal fonte de captação de recursos e não os cofres raspados de um governo de estado que vivia em dificuldades para sanar suas contas.

Do lado do Nordeste, a transferência da montadora para a Bahia foi dada como um grande feito, pois via na geração de empregos, cerca de 5 mil, o seu principal benefício. Contudo não foi levado em conta o alto preço pago com o dinheiro público, quando a multinacional não precisou desembolsar todo o custo das instalações, além da previsibilidade de recompensa com ampla isenção de tarifas tributárias.

Foi uma disputa inter-regional e uma resistência em conceder incentivos para que a fábrica fosse para o Nordeste. A disputa foi bastante acirrada entre o comando político do estado na época e o PT, partido que, no ano seguinte à instalação da fábrica, viria a comandar a República do Brasil. A fábrica da Ford na Bahia foi inaugurada em outubro de 2001, com um investimento de U$ 1,2 bilhão. Ao longo de 20 anos foi consolidado um complexo de dezenas de indústrias de autopeças em seu entorno.

Foi bom enquanto durou. Todo o sacrifício das autoridades baianas em implantar a indústria automotiva no estado durou menos que o esperado. Depois de 100 anos atuando em terras brasileiras, a Ford resolveu de vez deixar o Brasil e a Bahia. Alegando retração da economia no Brasil, a montadora decidiu abandonar suas atividades no país e concentrar sua produção nos países vizinhos, Argentina e Uruguai.

A saída da Ford da Bahia causou grande comoção no mercado, pois só em salários a população local deixou de arrecadar cerca de R$ 20 milhões. Isso afetou diretamente o comércio local, além de outras atividades paralelas, como serviços de entretenimento, educação, além de empresas auxiliares.

Jac Motors

Outra promessa de fabricação de carros na Bahia não passou dos ensaios. A chinesa Jac Motors prometeu instalar sua fábrica vizinha à concorrente Ford, também em Camaçari, com um investimento de R$ 900 milhões, também com valores agregados aos incentivos fiscais dos governos estadual e federal. Apesar de a pedra fundamental ser enterrada simbolicamente em forma de um carro, o projeto não foi adiante por falta de empenho do governo do estado, que não liberou o financiamento por meio do programa Desembahia, que seria da ordem de R$ 400 milhões. Inicialmente seria uma fábrica, mas por forças das circunstâncias o projeto foi alterado para apenas para uma montadora, mas, mesmo assim, o projeto não teve forças para seguir em frente.

O custo do projeto de instalação da fábrica seria da ordem de R$ 900 milhões. O governo do estado, por meio do Desembahia, entraria, inicialmente, com R$ 400 milhões e a empresa arcaria com outros R$ 500 milhões, mas no decorrer das atividades da fábrica, já em ritmo de produção. Nesse caso, o estado bancaria todo o custo das instalações, enquanto os empresários entrariam apenas com o sistema operacional.

Mesmo com todas as facilidades propostas pelo estado baiano, os empresários desistiram do projeto por causa do aumento do IPI em 30%, imposto pela ex-presidente Dilma, que atendia a lobbies da concorrência. A Jac Motors desistiu da Bahia e estuda dar sequência ao projeto no estado de Goiás.

O adiamento do projeto da Jac Motors no polo industrial de Camaçari se deu após a desistência dos chineses, que viram inviabilidade no empreendimento devido a pressões das montadoras concorrentes e já abrasileiradas, como General Motors, Chevrolet, Volkswagen, Ford e Fiat, que negavam aos chineses o direito à isenção do IPI, ora gerado em 30%. Os chineses desistiram do projeto porque a Jac Motors não estava apta a se habilitar no programa Inovar-Auto.

Inicialmente, na Bahia, a montadora chinesa anunciava um investimento de R$ 1 bilhão. Depois esse valor foi reduzido para R$ 900 milhões. Só que, dessa importância, a metade, ou seja, R$ 450 milhões, sairiam dos cofres públicos do governo baiano. O investimento dos empresários só viria com o faturamento da empresa já em ritmo de funcionamento. No final das contas, o estado é que bancaria todo o investimento e não seria o dono da empresa, que passaria a remeter lucros e dividendos à sua matriz na China.

Com a transferência do projeto para a cidade de Itumbiara, em Goiás, o investimento foi encolhido para R$ 200 milhões, só que sem a participação dos chineses, que passariam apenas a compartilhar a tecnologia com o grupo SHC, além de fornecer componentes. No caso seria uma espécie de revendedora de carros pré-montados. O que não ficou esclarecido é de onde sairiam os R$ 200 milhões para a implantação do projeto, se seria do bolso dos empresários ou dos cofres do governo goiano.

O esqueleto deixado pela Jac Motors na Bahia está sendo preparado para atender a outra montadora chinesa, a Build Your Dreams, que na tradução da marca significa "construtora de sonhos". A proposta de montar carros elétricos e alimentar os sonhos do brasileiro ainda não apagou o pesadelo deixado pela coirmã Jac Motors.

Inovar-Auto

No calor da crise de 2008, quando o Brasil passou a sentir os reflexos com maior intensidade, o então Governo Dilma Rousseff criou o Programa de Incentivo à Inovação Tecnológica e Adensamento da Cadeia Produtiva de Veículos Automotores (Inovar-Auto) como iniciativa para enfrentar a crise. O Inovar-Auto tinha como objetivos criar e condições para o aumento da competitividade no setor automotivo, produzir veículos mais econômicos e seguros, investir na cadeia de fornecedores, em engenharia, tecnologia industrial básica, pesquisa e desenvolvimento e capacitação de fornecedores. O programa estimulava a concorrência e a busca de ganhos sistêmicos de eficiência e aumento da produtividade da cadeia automotiva, das etapas de fabricação até a rede de serviços tecnológicos e de comercialização. Os incentivos tributários do programa estariam direcionados a novos investimentos, à elevação do padrão tecnológico dos veículos e de suas peças e componentes e à segurança e eficiência energética veicular. Para a habilitação ao programa, as empresas deveriam se comprometer com metas específicas. As duas principais eram veículos mais econômicos e menos poluidores. Estes teriam um abatimento maior e progressivo do IPI. O objetivo principal era o desenvolvimento social por meio da geração de emprego e renda. Mas o projeto morreu sem de fato ser completamente implementado por causa da instabilidade política e das relações da ex-presidente com o Congresso Nacional do Brasil.

15

CIDADE SUSTENTÁVEL

A observação aqui é para desfazer a confusão entre cidade sustentável e sustentabilidade municipal. A cidade compreende apenas a parte urbanizada e não a totalidade do território em que a cidade está inserida. A imensa maioria dos municípios brasileiros não são tomados totalmente pela cidade, ou seja, a parte urbanizada, salvo raras exceções, como Guarulhos e São Caetano do Sul, em São Paulo, e alguns municípios da Baixada Fluminense, como Duque de Caxias, Nova Iguaçu, Mesquita e Belford Roxo.

Nesses casos o município passa a ser mera formalidade porque o espaço total fora tomado pelas pessoas que passam a ocupar e fazer uso do território, tornando-a simplesmente cidade e não mais município. A partir daí a missão da cidade é se autossustentar, utilizando a sua condição produtiva para prover as necessidades de consumo. É aí que o poder público deve entrar em ação, utilizando os recursos arrecadados para investir na absorção de mão de obra, provendo a produtividade de insumos necessários para satisfazer às necessidades de consumo e, consequentemente, colher os dividendos tributários e fazer girar a engrenagem da economia.

Na teoria, cidade sustentável é o resultado de um planejamento urbano eficiente que cria um espaço urbano economicamente viável, socialmente justo e ambientalmente correto. Como já foi citado anteriormente, a cidade que conseguir equilibrar esses três fatores consegue se alicerçar no tripé da sustentabilidade. De acordo com informações fornecidas pelo IBGE, a partir do ano de 2008 é que no mundo as pessoas passaram a morar mais nas cidades do que na zona rural. A previsão do instituto, de acordo com os seus estudos, até 2050 a população das cidades deva chegar a dois terços da população mundial. Essa é a principal razão apontada para que as cidades cresçam de forma desordenada, em espaços curtos, e carreguem problemas relacionados a transporte, saúde, segurança e desemprego.

O difícil é entender como pode gerar tanto problema, porque as cidades espalhadas pelo mundo ocupam apenas 3% da superfície terrestre. Mesmo que sejam ocupadas por oito bilhões de pessoas, as cidades são pequenas diante de tantos problemas. As cidades são responsáveis pelo consumo de 80% da energia e 75% da emissão de carbono, entre outros gases nocivos à atmosfera.

São inúmeras as propostas e ideias inovadoras para melhoria do funcionamento das cidades, no entanto aqui a questão levantada é sobre o papel do município na administração do Estado brasileiro. Como a cidade é a razão da sua existência, exerce papel fundamental na sua organização. Não bastasse isso, a confusão aumenta ainda mais com a dicotomia cidade inteligente – cidade sustentável, dois termos distintos entre si, mas que podem se complementar.

Cidade inteligente

Cidades inteligentes são aquelas que utilizam tecnologia para melhorar a eficiência político-econômica e para amparar o seu desenvolvimento. Mas esse conceito é tão amplo que abarca uma cidade que implanta sensores de internet das coisas (IoT) conectadas nas ruas para monitoramento do trânsito em tempo real, como também cidades que passam a privilegiar espaços verdes e meios de transporte público movidos a combustíveis alternativos e gasolina.

Dessa forma, acaba fazendo mais sentido entender uma cidade inteligente como um espaço onde vivem governos e sociedades mais inteligentes, onde a tecnologia é apenas um instrumento. Portanto, uma cidade inteligente não é apenas mais um espaço urbano que utiliza tecnologia de ponta, mas também um lugar que é pensado para as pessoas, com foco na inclusão social, na diminuição das desigualdades e pautada pela sustentabilidade.

O primeiro passo para se estabelecer uma cidade inteligente é o planejamento urbano, o que não acontece com a maioria das cidades brasileiras. Esses dois conceitos devem ser aplicados de maneira conjunta, pois o desenvolvimento e a aplicação de técnicas modernas de gestão estão diretamente relacionados ao nível de organização urbana da cidade. Nesse ponto, a tecnologia é a pedra fundamental do planejamento urbano.

A Organização das Nações Unidas (ONU) classifica esta década (2021-2030) como período de ação necessário para o estabelecimento de cidades e vilas sustentáveis para um futuro mais igualitário, inclusivo e sustentável. Para isso, ela sugere algumas ações concretas, como:

- garantir o acesso de todos a habitação segura, adequada e a preço acessível, além de dar acesso aos serviços básicos para toda a população e urbanizar as favelas;
- proporcionar o acesso a sistemas de transporte seguro, acessíveis, sustentáveis e a preço acessível para todos;
- equilibrar, por sexo, idade, raça e deficiência, a proporção de população que tem acesso adequado a transporte público;
- reduzir o impacto ambiental negativo per capita das cidades, inclusive prestando especial atenção à qualidade do ar, à gestão de resíduos municipais, entre outros dejetos;
- proporcionar o acesso universal a espaços públicos seguros, inclusivos, acessíveis e verdes, particularmente para mulheres e crianças, pessoas idosas e com deficiência.

Em 1950, a população rural brasileira superava a urbana em 30%. Esse percentual foi caindo vertiginosamente, principalmente a partir da década de 1960, com o processo de industrialização no Sudeste alinhado à falta de infraestrutura nos estados do Norte e Nordeste, o que provocou um incessante êxodo rural. O processo acelerou-se durante a década de 1960, com a mudança de estrutura governamental, quando os militares ditavam as ordens do Estado brasileiro, e a promessa de desencadear, em definitivo, a Revolução Industrial, no Brasil, com o chamado Milagre Econômico.

Por volta de 1969, quando estouravam os conflitos sociais, decorrentes do descontentamento com os rumos que o Brasil tomava, repressão social, censura na imprensa e cerceamento das liberdades individuais, o governo militar decidiu dar uma reposta para abafar os movimentos de revolta, promovendo incentivo aos meios de produção e geração de emprego. O período que durou entre 1969 e 1973 foi batizado de Milagre Econômico. A resposta que os militares queriam dar era a de que a visão capitalista era a correta, em detrimento do pensamento socialista, ora proposto pelos simpatizantes do modelo soviético.

O que era para resolver um problema acabou gerando muitos outros. Pela falta de investimento em educação e formação profissional do seu povo, o Brasil é e sempre foi um país carente de mão de obra qualificada. Portanto, as indústrias que se instalaram no Brasil, nessa época, foram obrigadas a importar mão de obra estrangeira e, não bastasse isso, o êxodo nordestino passou a concorrer com a população das regiões metropolitanas das capitais do Sudeste, principalmente São Paulo e Rio de Janeiro. No Rio foi chamado de Invasão Paraíba e em São Paulo, a Diáspora Baiana. Qualquer nordestino em São Paulo é chamado de "baiano", enquanto no Rio, o retirante nordestino, seja de onde for, é conhecido como "paraíba".

Atraídos pela oferta de empregos, os nordestinos se deslocaram para as cidades do Sudeste à procura de melhoria da qualidade de vida quando transformaram São Paulo e Rio de Janeiro nas maiores cidades nordestinas brasileiras. Segundo dados do IBGE, São Paulo e Rio de Janeiro somavam juntas cerca de 10 milhões de nordestinos, sendo 6 milhões em São Paulo e 4 milhões no Rio Janeiro. Em decorrência disso, São Paulo tem bairros inteiros com a maioria de nordestinos, como é o caso de São Miguel Paulista e de bairros vizinhos, como Itaquera, Guaianazes e Itaim Paulista, que são, pejorativamente, chamados de "Bahia". Todavia, o apelido de "Bahia" não significa, necessariamente, que os bairros sejam ocupados por baianos. É mera força de expressão, pois a região é ocupada por nordestinos de todos os estados do Nordeste.

O período do Milagre Econômico também foi apelidado de Anos de Chumbo, uma alusão às ordens repressivas impostas pelo Ato Institucional nº 5 (AI-5), editado nos últimos dias do ano anterior, ou seja, em dezembro de 1968. O AI-5, como ficou conhecido, fechou o Congresso e as Assembleias Legislativas dos estados e impôs controle absoluto sobre a Suprema Corte, quando decretou aposentadoria compulsória de três dos 16 ministros de então – Evandro Lins, Hermes Lima e Victor Nunes. Outros dois magistrados, Gonçalves de Oliveira e Antônio Carlos Lafayette de Andrada, abandonaram o Supremo em protesto contra o afastamento dos colegas.

A interferência direta na composição da Suprema Corte batia de frente com a proibição do julgamento de habeas corpus nos casos de crimes políticos e contra a segurança nacional determinada pelo AI-5. A intromissão comprometeu a credibilidade do Supremo Tribunal Federal (STF) em defender garantias e direitos fundamentais. A justificativa era de que ministros foram afastados em favor da segurança nacional, por concederem habeas corpus a criminosos comunistas. Além de suspender direitos fundamentais, o AI-5 cassou mandatos de deputados, censurou obras de arte e resultou na institucionalização da prática de tortura. O AI-5 foi revogado em 1979, com a anistia política, mas depois de ter provocado 400 mortes, o exílio político de 7 mil pessoas e tortura de 20 mil.

16

RESPOSTA POPULAR

O alvoroço causado pelas perseguições impostas pelo AI-5 precisava de uma resposta imediata, sobretudo com demonstração de força. Então, o Milagre Econômico precisava anunciar uma mensagem simbólica de modo a responder aos questionamentos sobre os rumos que o Brasil tomava e se o anticomunismo era o correto. A imagem de um Brasil potência com obras gigantescas – como a construção da Ponte Rio Niterói –, as extensas rodovias federais – como a BR 116, ligando o Ceará, no Nordeste, ao Rio Grande do Sul, a BR 101, ligando também o Rio Grande do Sul ao Rio Grande do Norte, e a BR 230 (Transamazônica), atravessando o Brasil de leste a oeste, ligando a cidade de Cabedelo, na Paraíba, a Rio Branco, no Acre, com uma extensão de 6 mil quilômetros.

A época áurea de crescimento econômico do Brasil durou pouco porque não passava de um projeto artificial visando entreter quem duvidava da capacidade dos militares em governar o Brasil, promover o desenvolvimento e o bem-estar social, produzindo satisfação, de maneira bem mais eficiente que a assombrosa proposta e o fantasma soviético. A partir dessa época, os períodos de prosperidade brasileiros são chamados de voos de galinha. O maior voo de uma galinha, já registrado, durou cerca de 13 segundos. Assim são os períodos de desenvolvimento do Brasil, que não passam de voos de galinha, porque não se sustentam.

Qualquer fase de elevada ascensão é confundida com realização política e a coisa desanda porque os objetivos passam a ser o controle total do Estado por meio da dominação da massa. Quem obtém o poder econômico quer o poder político, porque o poder político é quem sustenta o poder econômico e o domínio do universo social.

As obras gigantes dos tempos de governos militares ainda resistem, mas nunca foram acabadas, como é o caso das rodovias longitudinais, 101 e 116, que vivem em ruínas com trechos controlados sob regime de concessão, mas não recebem os investimentos necessários para desempenhar o seu papel com eficiência. A BR 101, construída para estratégias militares sofre com descaso e abandono. Em alguns estados passou por processos de restauração e duplicação em alguns trechos, mas nunca chegou ao ponto ideal para atender à sua demanda. A maior parte que corta os estados do Sudeste e do Sul já foi duplica, assim como alguns estados do Nordeste. Somente na Bahia é que não evolui, enquanto mantém trechos perigosíssimos, com pontes estreitas, trechos íngremes e sinuosos, além de praças de pedágios sem nenhuma alteração de melhoramento.

O regime de parceria público-privada, as PPPs, prevê a concessão de bens públicos à iniciativa privada, sobretudo empreiteiras que passam a explorar, financeiramente, estruturas públicas como estradas, ferrovias, pontes, portos, aeroportos, terminais rodoviários e até banheiro público. Tais parcerias, que deveriam promover o desenvolvimento do país com a contribuição do empresariado, parecem tomar o caminho em sentido contrário. A iniciativa brasileira tenta copiar as parcerias estabelecidas na Europa e nos Estados Unidos, onde a iniciativa privada explora os mesmos instrumentos de utilidade pública, como estradas, meios de transportes etc. Contudo, o modelo adotado pelo Brasil não segue as mesma normas que o resto do mundo. Nos outros países, para explorar um instrumento de utilidade pública pela iniciativa privada, uma estrada, por exemplo, a empresa é obrigada a construir a estrada para depois cobrar pelo seu uso. Aqui no Brasil, um bem público que é concedido ao empresário, o verdadeiro dono, que é o cidadão pagador de impostos, não tem mais o direito de utilizar um instrumento construído com o seu dinheiro. Há casos em que as concessionárias obtêm o controle sobre trechos de rodovias, instalam praças de pedágios, cobram pelo seu uso e depois as devolvem sem fazer nenhuma melhoria. Foi o caso da BR 040, no trecho entre Belo Horizonte e Brasília, quando uma concessionaria explorou o trecho por dois anos e depois a devolveu por falta de condições de investimentos.

O que foi notícia

O grupo de empreiteiras, formador do consórcio Ivepar, que administrava a BR 040, no trecho entre Brasília e Juiz de Fora, em Minas Gerais, decidiu desfazer o acordo, pondo, assim, o trecho, ora controle no regime de relicitação. Apesar de instalar diversas praças de pedágio, ao longo da rodovia, de 936 quilômetros, o grupo alega dificuldades financeiras e não dispõe de condições de executar as obras de duplicação previstas no contrato, o qual exigia a duplicação de 557 quilômetros no prazo de cinco anos. Do total de duplicação previsto, apenas 73 quilômetros foram duplicados, o suficiente para cobrar pedágios. Os pedágios de R$ 31,80, segundo os caminhoneiros, consumiam a metade do combustível.

A concessionária desistiu da BR 040 e devolveu ao governo a responsabilidade sobre o longo trajeto, às vésperas de completar seis anos, depois de assumir um contrato que deveria durar 30 anos. Apesar de cobrar pedágios durante mais de cinco anos, a concessionária alega não ter dinheiro para cumprir as metas do acordo.

Na licitação da concessão vencia quem oferecesse o menor preço do pedágio cobrado aos veículos. O consórcio Ivepar venceu porque ofertou um pedágio de 60% inferior ao estabelecido pelo governo. O resultado, segundo a concessionária, foi um prejuízo de R$ 500 milhões.

17

UM ESTADO SEM IDENTIDADE

O Brasil é um jovem Estado, com apenas 523 anos, idade considerada tenra em comparação aos países dos continentes africano, asiático e europeu. Cinco séculos, ou meio milênio, é tempo mais que suficiente para se aprender alguma coisa, inclusive aprender a viver e colocar sua vida em ordem. Mas o tempo passa e a coisa fica ainda mais complicada, porque ninguém consegue aprender absolutamente nada, além de desaprender o que fora ensinado durante o tempo consumido. Do total de 500 anos vividos, quase 400 foram tomados pelo domínio europeu, com Portugal à frente e sua filosofia monarquista, que era uma prática originária do Velho Mundo e da qual o Brasil demorou a se desvencilhar, apesar de isoladas iniciativas que se perderam pelo tempo.

A busca pela identidade e o seu modo de ser faz do Brasil um país sem personalidade porque ainda não encontrou a fórmula exata de como deve se portar diante das reviravoltas do mundo e de como produzir o kit de satisfação necessária para atender aos anseios do povo que compõe o seu plantel. Por isso, então, surge o dilema: de que forma produzir satisfação, atendendo às demandas sociais e cuidando mais das pessoas ou liberalizando em função do acúmulo de capitais e da geração de riquezas?

As opiniões se dividem a ponto de não existir voto vencido nem vencedor. De um lado surgem os que defendem o modelo norte-americano com um Estado livre das amarras sociais e com total comprometimento com o crescimento econômico, porque as pessoas livres para se desenvolverem são muito mais felizes. Do ponto de vista pragmático, seria o caminho mais viável porque minimiza os problemas do Estado, pois as responsabilidades são divididas e assumidas de forma individual por cada cidadão. Por outro lado, vêm os que defendem o modelo europeu, que também é dividido entre um emaranhado de ideias de estados desenvolvimentistas, mas com responsabilidade social, onde o progresso esteja não a serviço do acúmulo de capitais, mas das necessidades do indivíduo e da coletividade. Tantas fórmulas impostas e sugeridas tornam a Europa um continente plural e dinâmico, de modo a adaptar-se a qualquer modelo governamental porque os países já adquiriram uma estruturação que viabiliza qualquer modelo de gestão, seja ele social ou liberal. Por isso fica difícil perceber a diferença entre a administração de esquerda ou de direita porque os Estados, ainda que capengando, têm um modo de andar, com uma relativa liberdade da iniciativa privada e a não interferência do governo na atividade econômica.

Enquanto os Estados Unidos tocam o bonde com o seu modelo mais que definido e a Europa consegue sobreviver com os seus inúmeros modelos de governança, o Brasil procura seu rumo. O continente europeu, que é subdivido entre 50 países, ocupa uma área territorial de pouco mais de 10 milhões de km², enquanto o Brasil ocupa uma área de quase 90% da Europa. Os modelos de governança dos países europeus são fáceis de aplicar porque são Estados compactos que possibilitam o acesso das ações dos governos. O Brasil, que tem o tamanho de um continente inteiro, ainda que subdividido e federado por estados membros e municípios, não consegue o mesmo resultado por conta do modelo vertical de administração, o qual sobrecarrega o governo central, enquanto confunde o papel dos estados e municípios, disseminando uma febre parasitária e mendicância entre eles.

Direita vou ver

"Direita, volver!" é uma ordem de exercício militar para o soldado mudar de posição, girando sob o eixo do próprio corpo. Tomando isso como base, várias obras literárias surgiram no Brasil, a partir do domínio político dos militares, na década de 1960. A mais famosa é a peça homônima de teatro de Lauro Cesar Muniz, que conta a história de um senador biônico, nomeado pelo então presidente da República, Geisel. Recentemente, a Fundação Perceu Abramo publicou um ensaio com título

O Município Cachimbo e o Prefeito Linguiça

homônimo, de autoria compartilhada entre Sebastião Velasco, André Kaisel e Gustavo Codas. A obra relata a ascensão da direita, favorecida pela crise institucional gerada pelo primeiro governo de Dilma.

O obscurantismo vivido pelo Brasil durante o período de domínio das Forças Armadas trouxe como principal contribuição a despolitização do cidadão brasileiro, sob pretexto de não formar mais comunistas. Surgida como antídoto da ameaça da "suserania soviética", a era militar interrompeu um ciclo de desenvolvimento de educação social e política que vinha desde a era Vargas. A injeção de desenvolvimento proposta por JK, com a construção de Brasília, a capital federal, e implantação da indústria automobilística e petrolífera chegava, assustou o mundo e principalmente o Tio Sam dos Estados Unidos. A virtualidade de potência eminente chegava para iluminar a cabeça da intelectualidade brasileira, que começava a modelar a identidade do país e isso poderia soar como ameaça às grandes potências mundiais. Sem se notar, o Brasil estava no meio de um fogo cruzado de uma guerra fria travada entre Estados Unidos e a extinta União Soviética. O controle militar, patrocinado pelos Estados Unidos, afastou o perigo da praga socialista soviética, mas provocou uma ruptura na sequência do desenvolvimento social brasileiro. Foi um período conhecido como O Elo Perdido da história do Brasil.

A volta do regime democrático trouxe poucos resquícios da febre ideológica, mas ainda dava para perceber o relevo da tinta, que a intelectualidade anistiada do exílio tentava retocar para deixar mais nítidas as diferentes correntes de pensamentos nas duas bandas, esquerda e direita. A direita era o regime que imperava e a esquerda, outrora marginalizada, brigava por um espaço no poder para afirmar que tinha razão quando refutava o regime militar. A esquerda defendia as causas sociais e as pessoas e a direita pregava a livre-iniciativa de prosperidade individual.

Durante a década de 1980, a direita brasileira foi um verdadeiro camaleão. Pintava-se de qualquer cor para ser bem-vista e não deixar a sombra do poder sumir de vista. O grande fiasco foi a eleição de Collor de Mello, em 1989, que chegava para afirmar que o socialismo proposto pela esquerda não tinha dado certo no mundo e que a saída era mesmo o modelo norte-americano, com o capital ditando as regras da satisfação e do bem-estar social e o país submisso às ordens do capital. O plano Collor não passou de um blefe, e o que poderia fincar como afirmativa da crise capitalista serviu de combustível para reimpulsionar a locomotiva da direita.

A democracia perdida entre o liberalismo e o socialismo fez brotar a social-democracia de FHC, que misturou tudo no bojo, propondo uma simbiose entre cobras e lagartos. Os mais românticos torceram o nariz enquanto a malandragem aproveitava a oportunidade para se camuflar em um ambiente multicor a ponto de não ficar fora do poder. A proposta de FHC deu certo enquanto durou. A simbiose de democracia social e do liberalismo se deu quando ele, na condição de social-democrata, juntou-se ao Partido da Frente Liberal (PFL), um partido de extrema-direita que se pintava de progressista para fugir da sombra do militarismo. A iniciativa de FHC deu certo a ponto de atingir seus objetivos de permanecer no comando do Brasil por oito anos. Isso serviu de lição aos mais radicais, como o PT de Lula, que também se juntou a outro partido de extrema-direita, o Partido Liberal (PL), tendo o apoio do empresário José de Alencar como vice para chegar ao poder e ofuscar de vez a penumbra da dicotomia direita-esquerda.

A receita de FHC durou cerca de 20 anos. Durante esse tempo a classe política militante da extrema-direita tinha vergonha do rótulo e por isso se autoalcunhava de Centrão. Ainda que negando as origens, a direita só veio a dar as caras depois da derrocada de Dilma, quando a própria direita sabotava o governo do qual fazia parte, enquanto descarregava a culpa na esquerda, a base de formação política da presidente, que não tinha a menor habilidade para lidar com o Congresso.

A queda de Dilma coincidiu com a devassa da Operação Lava Jato, que investigou, prendeu e condenou uma legião de empresários e colaboradores dos governos petistas, e isso fez brotar novamente o sentimento de direita, o qual já não era mais causador de vexames políticos por não estar mais na linha de frente como nas décadas anteriores. As mazelas atribuídas à esquerda e, principalmente, ao desastre Dilma, serviriam como ativadoras de credenciais para a direita reivindicar o poder, uma vez que no disco rígido da memória do brasileiro já não constavam mais os registros da sua incompetência, quando esteve no comando, tanto de estados e municípios quanto no poder central, por meio dos generais.

Durante a década de 1980, período da transição para a democracia, a esquerda sofreu muito para acessar o poder, porque a direita, já estabelecida, se valia de artifícios, proporcionados pelo próprio poder, para bloquear as investidas da esquerda. Por outro lado, a esquerda não conseguia adquirir musculatura porque enfrentava dificuldades de articulação, às vezes por egoísmo e às vezes por imaturidade. Foi o período conhecido como o da "direita malandra" e da "esquerda burra". O exemplo mais clássico foi o ocorrido na eleição de 1986. O governo civil, encabeçado pelo então presidente Sarney, enfrentava uma inflação galopante – herança maldita do governo militar – e precisava dar uma resposta à sociedade. O controle da inflação se deu de forma artificial com um congelamento de preços da cesta básica de alimentos, mas sem suporte de contenção de um possível desabastecimento. O controle dos preços foi um sucesso imediato e a direita inteira caiu para dentro do principal partido da época, o PMDB (Partido do Movimento Democrático Brasileiro), que passou a ser conhecido como "partido ônibus", o que pega todos pelo caminho. O resultado foi a eleição de 22 governadores de estados. Desse total, dez deles, ou seja, quase a metade, eram oriundos dos partidos de extrema-direita: Collor de Mello em Alagoas, Epitácio Cafeteira no Maranhão, Carlos Bezerra no Mato Grosso, Marcelo Miranda no Mato Grosso do Sul, Hélio Gueiros no Pará, Alberto Silva no Piauí, Moreira Franco no Rio de Janeiro, Geraldo Melo no Rio Grande do Norte e Jerônimo Santana em Rondônia.

A hegemonia do MDB durou pouco porque era momentânea e insólita. A direita malandra se valeu do sucesso do congelamento do Plano Cruzado para ganhar as eleições. Dois anos depois viria a eleição para presidente, a primeira depois de 25 anos do obscuro regime militar, e o grande partido estava literalmente partido. A ala progressista passou a não aceitar mais a cara conservadora adquirida pelo partido no período pós-eleição e provocou um racha, criando o Partido da Social Democracia, o PSDB. A ala da direita que usara da malandragem para se eleger de carona no Plano Cruzado voltava às suas origens, colando na pá do principal representante da direita, Collor de Mello, e virando as costas para o então candidato do partido, Ulysses Guimarães, completamente isolado.

Esse parêntese é apenas para ilustrar o comportamento do político brasileiro quando se encontra numa zona de conforto. A direita andou se escondendo por conta da supremacia da esquerda, que passou a controlar o cenário político de forma mais nítida, enquanto a direita ficou à espreita esperando a hora de dar o bote. A grande oportunidade foi dada pela ação da Operação Lava Jato, a queda de Dilma e o vacilo da esquerda, atribuído ao egoísmo do principal cacique do PT, Lula, o que culminou com a eleição de Bolsonaro.

Isso serve para observar que qualquer construção precisa de uma base de sustentação. Assim como foi o avanço do PMDB em 1986, foi a eleição de Bolsonaro em 2018. A falta de refino social servia como obstáculo à articulação política, assim como o PMDB, ora considerado o maior partido da América Latina, se perdia na disciplina interna, em que não existia um dialeto uniforme e qualquer um tomava as próprias decisões. De modo semelhante foi a investida do ex-presidente Bolsonaro em busca da reeleição. Um candidato com a máquina administrativa em mãos sentia dificuldades em aglutinar forças para enfrentar o embate público. A expressiva votação em Bolsonaro se deu por conta do medo do radicalismo do PT. A empatia, o carisma e a inteligência do candidato contou muito pouco para enfrentar os oponentes.

A Direita sem direitos e canhotos

A anistia dos exilados políticos do regime militar criou um fantasma que assustou a classe política brasileira por mais de 30 anos. Era o fantasma da direita, que passou a ser um rótulo de atraso, desonestidade, corrupção e tudo de ruim que se pudesse imaginar. Por mais reacionário que fosse, o político militante da direita se recusava a aceitar essa pecha porque significava perda de prestígio e, principalmente, de votos. Com o passar do tempo, o comando do Brasil foi se inclinando

O Município Cachimbo e o Prefeito Linguiça

cada vez mais à esquerda, apesar de a direita estar entremeada pelo seu núcleo. Mas o rótulo de direita era sempre visto como uma mácula maldita. O da esquerda no comando do Brasil se deu em 2002, com a eleição de Lula, época em que os liberais sentiam estar perdendo não só espaço, mas também identidade, como afirmava uma pesquisa de Timoty Power, pesquisador da Universidade de Oxford, da Inglaterra.

No auge da popularidade de Lula surgiu o escândalo do Mensalão, um meio de garantir a governabilidade por meio do repasse de dinheiro público aos parlamentares dos partidos de direita, denominados Centrão. A alcunha de Centrão era para não serem chamados de "Direitona". Foi no calor desse imbróglio que surgiu o Movimento Endireita Brasil, idealizado pelo advogado Ricardo Salles, que depois foi ministro do Governo Bolsonaro e eleito deputado federal. Segundo Salles, o movimento teria como objetivo reafirmar o posicionamento liberal e de direita, que não encontrava sustentação entre as lideranças do meio empresarial.

O endireitamento do Brasil não encontrou respaldo durante o Governo Lula, que gozava de uma popularidade acima dos 80% e continuou apagado, mesmo em meio às duas eleições de Dilma e suas trapalhadas até o seu afastamento do governo. A persistência viria a dar resultado muito tempo depois, já em 2018, quando Bolsonaro se autodeclarava de ultradireita e o mais legítimo inimigo do comunismo.

Ainda que a eloquência bolsonarista desse um resultado efêmero, a teoria direitista aplicada permanecia nebulosa, porque não ficou claro se o que conquistou o eleitor foi o seu conjunto de ideias ou foi o ódio apregoado aos seus oponentes. As promessas da nova política não sincronizavam com o mote de segregação, que de forma imperativa propunha a separação de tudo, sem se importar se era de esquerda ou de direita, gordo ou magro, preto ou branco, mas que estivesse em consonância com a sua vontade.

Pobre de direita e rico de esquerda

Nos tempos dos governos militares no Brasil era comum ouvir a história de que comunista era coisa do maligno porque tinham o hábito de comer criancinhas no café da manhã. Por outro lado, os simpatizantes do comunismo acusavam os capitalistas de comerem o café das criancinhas e deixá-las com fome. Contudo, esse lenga-lenga não é de agora. Isso nasceu nos idos da Revolução Industrial, quando Karl Marx, o pai do ideal comunista, começou a disseminar a ideia de um modo de produtividade sem patrão nem empregados. O terror causado por essas ideias foi infinito e se espalhou pelo mundo, ocupando os espaços onde o comunismo ainda era desconhecido. Inicialmente a ideia de Marx era a distribuição da riqueza gerada pelo trabalho humano. Segundo Marx, o fato de o patrão ser dono de meios de produção, galpão da fábrica, máquinas, ferramentas e matéria-prima não justificava o lucro exorbitante ora extraído do trabalho do empregado.

A ideia ganhou força com a Revolução Soviética, na Rússia, em 1917, mas não conseguiu conquistar a maioria da população mundial. Além de não conseguir conquistar o seu espaço, o ideal comunista deu lugar a outro tipo de confusão iniciada muito antes, na queda da Bastilha francesa, em 1789, quase 150 anos atrás, quando começou a guerra entre esquerda e direita. Na época, a esquerda era a área das assembleias que eram ocupadas pelos plebeus (pobres trabalhadores), enquanto a ala direita era tomada pela elite aristocrata.

Durante todo esse tempo a confusão se generalizou porque hora ou outra sai de cogitação e o povo deixa de comentar o que está na direita ou na esquerda. Via de regra, para simplificar, a direita defende o rico e a esquerda defende o pobre. Mas isso não significa que a direita só tem militar rico e que a esquerda é um covil de pobres. As discussões acirram-se quando aparece um pobre atacando o outro para defender o patrão.

A questão veio à baila depois da eleição de Bolsonaro, pois há 30 anos a elite política brasileira não tinha um representante da direita no comando do Brasil. Não que Bolsonaro fosse um representante genuíno da direita, haja vista o seu histórico de nacionalista e defensor de um Estado totalitário, mas na falta de um exclusivo, o similar foi muito bem aceito, ainda que não fora o suficiente para impor com maior ênfase os ideais de direita, tão sonhados pela metade do povo brasileiro.

Em suma, a dicotomia direita-esquerda nunca, de fato, existiu. As discussões que se acaloram entre grupos políticos não se fundamentam porque não possuem no seu bojo um método de governança nem um programa único de atenção social e desenvolvimento do Estado, seja ele democrático ou totalitário.

A chegada de Bolsonaro ao poder foi comemorada pelos seus eleitores, que mal sabiam explicar a importância da eleição do presidente do Brasil. A justificativa mais comum entre os felizardos era de que o fim do comunismo estaria decretado. Em seguida, o presidente esteve discursando no Fórum Econômico de Davos reforçando que estaria combatendo, com êxito, o comunismo no Brasil e na América. Isso diante de chefes de Estado do mundo inteiro, que sabem que o comunismo, de fato, nunca foi posto em prática no mundo. Isso lhe rendeu desgastes diplomáticos com a China, a maior parceiro comercial do Brasil, e ainda entreveros regionais com Cuba, Venezuela e até Argentina, já que o presidente Alberto Fernandez era classificado como comunista pelo presidente brasileiro.

Antes de citar o comunismo como coisa ruim ou boa é melhor se informar para não dizer asneiras. As várias tentativas de implantação do comunismo no mundo não vingaram por uma série de questões, inclusive as internas de grupos e de formas de interpretação sobre a teoria comunista dentro de uma sociedade. O primeiro Estado a ser controlado por uma ideia comunista foi a Rússia. O projeto comunista não foi levado adiante porque o grupo se desfez depois da morte do seu principal líder, Lenin, pseudônimo de Vladimir Ilyich Ulianov, e o assassinato de Leon Trotsky. Depois foi a vez da China, em 1949. Apesar de ser governada pelo Partido Comunista, a China não tem nada de comunista, sendo até mais capitalista que muitos países de economia liberal. Dez anos depois da Revolução Chinesa aconteceu a Revolução Cubana, em 1959. Cuba também é comandada por um partido comunista, mas não passa de uma ditadura de guerrilheiros que tomaram o poder, não para defender o povo da opressão capitalista, mas para se apossar do poder. Por conta disso quem padece é o povo cubano, porque o país sofre embargos do mundo inteiro.

Arestas da anistia

A Lei da Anistia Política entrou em vigor em 28 de agosto de 1979 e, após 42 anos, ainda é alvo de questionamentos de setores da população brasileira que veem no dispositivo uma fonte de impunidade para os agentes da ditadura militar e uma violação à legislação internacional de Direitos Humanos. O termo "anistia" quer dizer esquecimento, mas ainda não passou da intenção porque muita gente ainda não esqueceu. Ainda que muita gente tenha voltado à liberdade e ao convívio com familiares, a satisfação não se deu por completa porque ainda há anistiado desaparecido e sem poder voltar para casa. Por conta disso, mesmo depois de mais de 40 anos, comissões de desaparecidos ainda se reúnem para discutir os efeitos da anistia. O primeiro questionamento é que a Lei da Anistia beneficiou mais os torturadores e assassinos do que as vítimas, porque quem morreu não foi agraciado pelo benefício da lei.

A luta pela anistia no Brasil se iniciou tão logo houve a cassação de direitos políticos a parlamentares por 10 anos, a partir do golpe militar de 1964. Com a edição AI-5, em 1968, o cerceamento de direitos políticos tornou-se muito mais abrangente e, com isso, as reinvindicações se intensificam. Em contrapartida, o governo dos militares tratava as denúncias como uma campanha difamatória propalada pela oposição e tentava silenciar as vozes.

A perda de fôlego do Milagre Econômico até 1973, quando começaram a surgir movimentos de contestação ao modelo econômico dos militares, incidia sobre o custo de vida e a carestia dos alimentos. Com a troca de comando na presidência da República, a saída de Emílio Garrastazu Médici e a entrada de Geisel (1974-1979), surgiu, então, a primeira manifestação em favor da anistia. Somente em 1979, já no Governo João Batista de Oliveira Figueiredo, é que finalmente foi aprovada a Lei da Anistia. A lei contemplou os crimes cometidos no período de 2 de setembro de 1961 a 15 de agosto de 1979. Ela garantia retorno dos exilados ao país, restabelecimento dos direitos políticos suspensos de servidores da administração direta e indireta, dos servidores do Legislativo e do Judiciário e de fundações ligadas ao poder público. A questão que ainda gerava discussões era a extensão do perdão a militares, policiais e agentes torturadores, uma vez que o objetivo da anistia seria anular os supostos crimes imputados, pela visão da ditadura, às vítimas e não aos criminosos.

A Ordem dos Advogados do Brasil (OAB) questionou o STF sobre a questão, alegando que o próprio texto da Constituição Federal diz que tortura é crime, que lesa a humanidade e é imprescritível. Ao pé da letra, ninguém foi anistiado, é o que diz a lei maior, segundo a OAB.

18

QUE REI SOU EU?

A República Presidencialista Brasileira é um reino que nunca findou. A transformação do Reinado em República não passou de mera formalidade burocrática, porque, em termos de postura e comportamento, continua a mesma coisa, e o pior: transformou-se em uma doença contagiosa.

A instalação da República não foi somente a consequência da Proclamação da Independência, mas também um capricho da maçonaria brasileira, que queria uma participação mais efetiva da elite brasileira nas decisões do comando do país, como relata Hindemburgo Pereira Diniz[9]. O modelo imperialista tornou-se um obstáculo à participação da elite política, porque o poder central era fixo e hereditário, tendo o filho do imperador como sucessor imediato.

A Revolução Francesa e a queda do regime imperialista deram margem à intelectualidade brasileira, que importou as ideias dos iluministas franceses, aderindo à nova onda, que era o regime republicano, o qual não era originário da França, mas copiado do Norte das Américas, criando o sistema de governo rotativo e abolindo a figura do rei e do imperador, colocando em seu lugar um presidente, com os mesmos atributos, mas com um mandato com data de validade, ou tempo de vencimento.

Acontece que no Brasil as coisas sempre acontecem de forma postergada, enquanto o mundo moderno buscava novos modelos de governança, o Brasil se preparava para a formação do seu primeiro rei-

---

[9] O modelo de Estado republicano só difere do monárquico pelo fato de o poder não ser mais fixo nem hereditário. Quanto à prática, continua a mesma. Quem governa continua sendo rei, apesar da alcunha trocada e do tempo determinado. Ainda que seja eleito, o presidente segue governando pelo tempo que determina a lei.

nado, com o rei de Portugal, Dom João VI, criando o Reino do Brasil, em 1812, com o objetivo de manter a hegemonia da Coroa portuguesa, porque o território da Europa estava sob o controle de Napoleão Bonaparte.

Enquanto o Brasil vivia o glamour do seu primeiro reinado e a Corte portuguesa se escondia de Napoleão, a intelectualidade europeia esperava o fim da truculência napoleônica, que acabou em 1814, para dar sequência à onda presidencialista, que prometia se espalhar pelo mundo porque nas Américas já era a ordem do dia. O primeiro reinado brasileiro coincidiu com os movimentos republicanos do Chile e do Reino do Rio da Prata, hoje Argentina. A Argentina até que demorou um pouco mais, mas instalou sua República antes do Brasil, assim como o Chile, que foi republicado em 1929, ou seja, 60 anos antes do Brasil.

Origem do presidencialismo

O primeiro Estado republicano do mundo surgiu na América do Norte durante a colonização britânica, com imigrantes dos países que compunham o Reino Unido – Inglaterra, Irlanda e País de Gales. Inicialmente, 13 colônias de origem britânica se organizaram para estabelecer um governo, mas nenhum se sobrepunha ao outro. Ficou difícil estabelecer um governo porque nenhuma colônia queria ficar submissa a outra, mas tinham consciência de que a separação ou o individualismo as tornariam vulneráveis aos possíveis ataques. Portanto, a união entre elas era imprescindível para ter poder de enfrentamento e garantir a independência e a soberania de todas.

A ideia inicial foi a instituição de um Estado confederado. Porém o estatuto fundamental da confederação não lhe assegurou poder para legislar, cabendo-lhe apenas a iniciativa de recomendação aos Estados-membros. A falta de experiência impôs uma série de bate-cabeça entre os delegados, um de cada colônia, que formavam o Congresso. De início era um Estado impotente, porque nem receita tributária lhe era garantida e o trabalho dos congressistas era voluntário. Diante das discussões e controvérsias, muitos congressistas desistiam de colaborar.

O Congresso era impotente e despertava tão pouco respeito quanto obediência. Desatendido pelos estados, impossibilitado de cumprir compromissos externos, não houve como evitar a perda de prestígio com governos estrangeiros, que passaram a tratar o jovem e pretenso país com desprezo. O resultado não poderia deixar de ser profundamente negativo, tudo agravado pela inabilitação do governo para negociar com outros países e principalmente para regulamentar o comércio interno.

Inicialmente, os mais incrédulos não queriam tomar conhecimento sobre o novo modelo de monarquia, haja vista a preponderância dos reinos do Ocidente. Apesar das controvérsias levantadas na França, ninguém tinha conhecimento de outro modelo de gestão pública que não fosse o sistema imperialista dos reis. Sob o império dessa conjuntura que revelara, ostensivamente, a fraqueza do governo da União Americana, a jovem República viveu o primeiro de março de 1871, data de aprovação, em assembleia do Estatuto da Confederação, até 1789, quando George Washington tomou posse como o primeiro presidente de um país unificado, mas com estados independentes entre si.

O sistema político dos Estados Unidos da América é republicano, federativo, democrático e presidencialista. A figura do presidente fica no comando do poder central, enquanto cada estado compõe o seu sistema administrativo próprio e autônomo.

Há separação entre os três poderes, Executivo, Legislativo e Judiciário. A sociedade civil tem direitos fundamentais garantidos e é representada por políticos eleitos, e o cargo mais alto, que reúne as funções de chefe de governo e de Estado, é desempenhado por uma só pessoa, o presidente da República.

19

PRIMEIRA CONSTITUIÇÃO

O ponto positivo que a invenção do Estado presidencialista trouxe foi a instituição de uma lei suprema que definisse o papel, com deveres e direitos, tanto do governo quanto da sociedade civil. A primeira Constituição, de que se tem conhecimento, redigida no mundo foi a Constituição americana. O Congresso Constituinte foi convocado em 1787 e levou quase dois anos para preparar a lei maior dos Estados da América. Ficou pronta em 1789.

Esse documento teve como um de seus objetivos principais o equilíbrio entre as tendências autonomistas, que buscavam maior independência para cada estado, e as tendências federalistas, que buscavam um poder central forte. Essa tentativa de conciliação expressava-se na nova formação política, que, com base no artigo II, seção I, cláusula III da Constituição, regulamentava as eleições para presidente da República dos Estados Unidos da América. Como o sistema de representação via delegados já vigorava desde o primeiro Congresso Continental, houve a opção por sua permanência. Os eleitores de cada estado passariam a eleger os delegados que votariam para presidente nos colégios eleitorais. Por conta desse modelo, as eleições nos Estados Unidos são indiretas desde a primeira eleição. Em 7 de janeiro de 1789, houve o primeiro pleito eleitoral para presidente dos Estados Unidos. George Washington concorreu ao pleito com mais 11 candidatos. Como era disparadamente favorito, teve o voto de 69 delegados. O segundo colocado teve 34 votos. A posse do primeiro presidente eleito nos Estados Unidos ocorreu em 30 de abril de 1789.

Democracia reinventada

O termo "democracia" vem do grego *demos* = povo e *Kratia* = poder. O artigo primeiro da Constituição brasileira diz que o poder pertence ao povo. A ideia é antiga e data de 510 a.C., quando o povo grego se revoltou contra o governo de Hípias, o último tirano de Atenas. A revolta partiu do povo, que não mais aceitava as atitudes de Hípias, que governou a Grécia de 527 a.C. a 510 a.C., quando o líder popular Clístenes surgiu com a ideia da democracia, na qual o povo é quem toma as decisões em seu favor. Clístenes é conhecido como o pai da democracia.

Nesses tempos, o mundo inteiro era governado por príncipes, imperadores e reis, que tomavam todas as decisões do Estado. A Grécia adotou o caminho inverso, em que as decisões não partiam mais de cima para baixo, mas da base da sociedade. No início, quando as cidades eram menores, as consultas populares davam-se diretamente com o povo reunido em assembleias, em praça pública. A ideia passou a ser copiada pelo mundo inteiro, inclusive pelos Estados de governos totalitários, como os países de governos imperialistas, onde o imperador era quem tomava todas as decisões.

A ideia grega tem passado por inúmeros processos evolutivos, chegando ao ponto de ser reinventada, como é o caso do presidencialismo dos Estados Unidos da América, com um sistema monárquico de governo rotativo e os Estados de governos de poder fixo como as monarquias, entre elas o principal exemplo é a Grã-Bretanha, que adotou a figura do primeiro-ministro como chefe de governo e o Parlamento como referência de representação da vontade popular. A exemplo da Grã-Bretanha, outras monarquias espalhadas pelo mundo mantêm a figura do monarca como detentor do poder fixo, na condição de chefe de Estado, mas instituíram o primeiro-ministro como chefe de governo, mas com mandato rotativo, inclusive sem data pré-estabelecida para a próxima eleição. Tudo gira em torno da situação política, econômica e social em que o Estado se encontra.

A proposta inicial do democrata Clístenes era envolver as pessoas que pagam impostos a sugerir ao governo a melhor forma de aplicar o

O Município Cachimbo e o Prefeito Linguiça

dinheiro público, segundo as necessidades dos moradores da cidade. Passados mais de 2 mil anos, a ideia continua a mesma, salvo algumas adaptações e adequações de acordo com a realidade de cada universo em questão. Na Suíça, por exemplo, ainda se utilizam os mesmos métodos democráticos idealizados por Clístenes, em que as iniciativas dos prefeitos ainda dependem da autorização direta dos munícipes mediante consulta popular em praça pública. Isso pode muito bem ser aplicado no Brasil, inclusive em Serra da Saudade, em Minas Gerais, onde o prefeito não teria dificuldade alguma em consultar morador por morador ou reuni-los em meio à praça e fazer a consulta sobre como aplicar o dinheiro público. Acontece que a Constituição brasileira, já no seu primeiro artigo, diz que a democracia no Brasil é exercida pela representatividade parlamentar, sem se importar pelo tamanho da cidade. Com exceção das capitais, a federal e as dos estados, os parlamentos municipais só servem para facilitar o desvio de dinheiro público, por parte do prefeito, porque sem a autorização do povo representado, o prefeito não pode fazê-lo, caracterizando assim o corpo político municipal em uma organização criminosa. Não é crime desviar dinheiro público, quando se tem a autorização do povo. Porém, o povo nunca é consultado pelo seu representante quando o prefeito está mal-intencionado.

A democracia representativa, no Brasil, se dá em três níveis: municipal (vereador), estadual (deputado estadual) e federal (deputado federal). Há outro nível de representação dos estados membros da Federação, que é o senador. Só que o senador não representa o cidadão em si, mas o estado como um todo.

A figura do vereador é marca registrada em todos os países de língua portuguesa. Na maioria deles o vereador tem uma função tão executiva quanto representativa. O poder Executivo das cidades é exercido pelo presidente da Câmara de Vereadores. Isso representa um custo a menos, com a supressão de um dos poderes, no caso o Executivo, como ocorre no Brasil, onde o prefeito exerce a função de presidente da república municipal.

Receita portuguesa

Vereador é a designação tradicional, nos países de língua portuguesa, de um membro de um órgão colegial representativo de um município, com funções executivas ou legislativas, conforme o país. Os vereadores agrupam-se em uma Câmara Municipal ou Câmara de Vereadores. No Brasil, os vereadores têm funções legislativas e parlamentares. Em Portugal, Cabo Verde, São Tomé e Príncipe e Moçambique, os vereadores têm, essencialmente, funções executivas.

A tradição portuguesa do autogoverno municipal é muito antiga, existindo no território português municípios criados ainda antes da fundação do próprio reino de Portugal. Cada localidade com autogoverno era administrada por um conselho de oficiais eleitos pela população da comunidade. Cabia ao vereador o gerenciamento da situação econômica do município. Os oficiais das localidades eram eleitos por uma assembleia de homens bons, mais notáveis e idôneos.

Depois do estabelecimento do reino de Portugal, foram tomadas algumas medidas como forma de ajuste e aprimoramento da conduta da função pública, então as cidades e vilas mais importantes deixaram de ter juízes locais e passaram a ter juízes de fora, nomeados pela Coroa, como forma de garantir maior isenção nas decisões. Os vereadores eram eleitos perante os moradores reunidos no Pelourinho, símbolo da autoridade real. Os nomes dos eleitos eram tirados de dentro de sacos chamados pelouros. O termo "Câmara" foi adotado porque, no início, o Conselho se reunia em uma sala em forma de câmara – um saguão fechado e sem janelas nem abertura de luz e ventilação. Mais tarde, durante o renascimento e o fim do Império Romano, as Câmaras Municipais passaram a ser chamadas de Senado. E é assim até hoje em Portugal.

A organização da administração municipal de cada cidade, vila ou conselho era, normalmente, definida pela sua carta foral. No entanto, o desenvolvimento do Estado moderno levou à criação de legislação e

O Município Cachimbo e o Prefeito Linguiça

regulamentação uniforme, a nível de todo o reino de Portugal, sobre as atividades e funções dos diversos tipos de oficiais locais, entre eles os vereadores.

O modelo de governança e participação popular, embora restrito, foi levado pelos portugueses para as novas terras conquistadas durante os séculos XV e XVI. Sempre que alguma povoação das colônias atingisse determinado número de habitantes portugueses, normalmente lhe era dado um foral de autonomia municipal, criando-se uma Câmara para administrar.

Já no século XX, as câmaras municipais e os seus vereadores evoluíram para uma função legislativa no Brasil, e uma função essencialmente executiva em Portugal. Depois de 1975, alguns dos novos países, resultantes da independência dos antigos territórios ultramarinos portugueses, implementaram um sistema de administração municipal, em que os vereadores desempenham a função executiva, como no sistema que vigora hoje em Portugal.

Invenção brasileira

A mais antiga invenção brasileira, que ainda espera ser reconhecida, é a do vereador pago. A ideia original foi importada de Portugal, em 1808, quando Dom João VI transferiu a sede do reino português para o Brasil. Os conselheiros do rei tinham direito à duplicata mercantil, uma forma de remuneração pelos trabalhos prestados ao rei. Em raros outros países, paga-se simbólica quantia aos conselheiros municipais. Eles se reúnem em locais cedidos pela administração pública, sem as necessárias estruturas imponentes que se instalam nas cidades brasileiras para o desempenho das atividades da vereança.

No Brasil, até 1977, somente os vereadores das capitais recebiam salários. A partir de 1977, o então presidente militar Geisel, por meio de decreto federal, estendeu o benefício aos demais vereadores. Nos 5.561 municípios, havia um total de 60.267 vereadores até 2004. A média nacional é de 10, sete vereadores por município. A cidade com o maior número de vereadores é São Paulo, com 55 cadeiras. A média salarial de um vereador gira em torno de R$ 9.100,00, o que eleva a despesa pública para R$ 5,4 bilhões com salários dos legislativos municipais em um período legislativo de quatro anos.

Via de regra, o vereador brasileiro é quem determina o destino do dinheiro público gerido pelo Executivo municipal. O prefeito não tem permissão para gastar um único centavo sem a autorização do povo. Então, o povo autoriza o prefeito a gastar o dinheiro público por meio do seu representante legal, que é o vereador. A depender do tamanho da cidade, talvez nem seria necessária tal autorização, porque o prefeito teria condições de reunir a cidade inteira em praça pública, à moda da Grécia Antiga, e fazer a consulta. Mas isso seria transparência demais.

Presidencialismo no Brasil

O presidencialismo brasileiro nasceu de uma ideia mais que madurecida. Desde a Proclamação da Independência de Portugal já havia rumores de transpor a etapa do regime monárquico e implantar a República, como já havia movimentos republicanos no Chile e em províncias do Rio da Prata, hoje Argentina, que já seguiam a nova ordem administrativa com poderes móveis e rotativos e não mais fixos, como os do regime imperialista. Os modelos importados vinham da França, na Europa, e dos vizinhos americanos do Norte, que patenteavam o novo modelo de governança pública nacional, com uma única república representando uma federação de estados independentes.

A ideia original de Estado republicano não é tão original. O presidencialismo norte-americano foi todo idealizado nos moldes da Monarquia britânica. A diferença é que não mais havia a figura do monarca, já que um estado não podia se sobrepor ao outro. Então, a ideia foi dividir o comando por períodos distintos e determinados. A troca de comando da República se dava por eleição indireta, por meio da eleição de delegados, e isso acontece até os dias atuais, já se aproximando dos 300 anos.

O Município Cachimbo e o Prefeito Linguiça

A República norte-americana deu certo e é tida como referência no mundo inteiro porque tem tudo de original, apesar de ter a monarquia como inspiração. A Constituição dos Estados Unidos é a menor e mais antiga do mundo. Tem apenas sete artigos e 27 emendas, que cabem em cinco páginas. A Constituição brasileira é a segunda maior do mundo, com 250 artigos e já tem 128 emendas, perdendo apenas para a Constituição da Índia, que é composta de 395 artigos, oito cronogramas e 145 mil palavras.

O modelo de estados confederados, copiado dos Estados Unidos, poderia até dar certo na sua funcionalidade se não tivesse criado outra subdivisão, que são os territórios municipais. A princípio tem um objetivo, que é meramente político, eleitoreiro e nada de administrativo. A demarcação de territórios como minirrepubliquetas, por meio do sufrágio universal, é entregue nas mãos de prefeitos despreparados e sem recursos, mas com a responsabilidade da manutenção, inclusive da implementação da infraestrutura urbana, mobilidade, sistema viário e bem-estar social. Poderia dar certo se a atribuição ao prefeito correspondesse apenas aos perímetros urbanos. O resultado é uma onda de mendicância com prefeitos se humilhando aos pés de governadores e deputados, por emendas no Orçamento da União e a inevitável amarração para a campanha eleitoral que se aproxima.

O presidencialismo no Brasil se dá em três níveis: o presidente da República (o governo federal), o presidente do estado (o governador) e o presidente do município (o prefeito). Tal divisão se deu um tanto quanto desonesta. Enquanto a União e os estados são compostos de três poderes (Executivo, Legislativo e Judiciário), os municípios não contam com essas prerrogativas. Cai sobre o prefeito a responsabilidade territorial e urbana, mas com poder de arrecadação limitada, sem um Poder Judiciário para dar suporte e um Legislativo tacanho, que não tem autonomia para impor direção aos recursos destinados ao estado municipal. O deputado municipal, que é chamado de vereador, é quem deveria estar dotado de toda a autoridade, porque ele está na ponta da linha da representatividade. Era para ter mais autoridade que o deputado federal, porque ele é quem está em contato direto com o eleitor e dono do poder, segundo o primeiro artigo da Constituição Federal ("Todo o poder emana do povo, que o exerce por meio de representantes eleitos ou diretamente, nos termos da Constituição").

Entre uma imitação e outra, o Brasil segue uma trilha sem saber onde vai dar. Já foram sete constituições, inclusive uma entre as duas maiores do mundo. A atual já está abarrotada de emendas, isso sem contar o amontoado de PECs que se encontra nas gavetas do Congresso, à espera de votação. Imitar os Estados Unidos deveria passar pelo princípio da simplicidade e preparar uma Constituição mais assimilável, que desenrolasse a vida do brasileiro. O que toda essa confusão produz são vermes e parasitas do poder público, com prefeitos se sentindo reis e vereadores no papel de bobos da corte, apenas se apegando às benesses que o poder público proporciona para conseguirem sobreviver por quatro anos, sem a necessidade de bater cartão de ponto nos postos de trabalho, que cada vez ficam mais raros, porque o município brasileiro, com exceção das capitais, não desenvolve um modelo próprio de produtividade interna nos municípios a fim de garantir a sobrevivência do povo, nos respectivos territórios, sem a necessidade de mendigar aos governos dos estados, ao governo federal e ao Congresso, com deputados prometendo emendas em troca de votos nas próximas eleições. Seguir a trilha do outro dificilmente encontrará o próprio caminho.

Estado enxuto

A redemocratização do Brasil chegou com dois pacotes de receitas, distintos entre si (um direito e outro esquerdo), mas ambos prometendo ser a panaceia para todos os males causados ao brasileiro durante o nebuloso regime militar. A ala direita defendia um Estado enxuto e leve, dando liberdade e incentivo ao empreendedorismo, como forma de promover o desenvolvimento econômico, enquanto a esquerda propunha um modelo de Estado cuidadoso e protetor dos desvalidos e combatendo as desigualdades sociais.

A direita, alcunhada de liberal, tem enfrentado uma série de obstáculos para impor sua filosofia de comando, ora pela falta de estruturação do aparelho estatal, ora pela dificuldade em assimilar suas propostas, porque na campanha eleitoral se vê obrigada a contrapor sua linha de pensamentos, uma vez que o eleitor mais humilde foi condicionado ao paternalismo e clama por proteção. Mandar o sujeito se virar sozinho é perder votos. Declarar-se de direita raiz, durante a campanha eleitoral, por muito tempo significou suicídio político.

Quanto ao esquerdo, apelidado de social, ou socialista, também tem passado por situações semelhantes, não diante do eleitor, mas das exigências do mercado, que o tem deixado às vezes em uma saia justa ao negar que a atenção ao social não incidirá sobre as contas públicas nem sobre o aumento de impostos, o que pode inibir o crescimento econômico, sobretudo do setor industrial, e a geração de emprego, que é considerada a mais importante contribuição social na visão da direita liberal.

> [...] O Estado Moderno nasceu absolutista e durante alguns séculos todos os defeitos e virtudes do monarca absoluto foram confundidos com as qualidades do Estado. Isso implica que já no século XVIII o poder público era visto como inimigo da liberdade individual, e qualquer restrição ao individual em favor do coletivo era tida como ilegítima. Essa foi a raiz individualista do Estado liberal. Ao mesmo tempo, a burguesia já enriquecida, que já dispunha do poder econômico, preconizava a intervenção mínima do Estado na vida social, considerando a liberdade contratual um direito natural indivíduo (Dalmo de Abreu Dallari, em *Elementos de Teoria Geral do Estado* – Editora Saraiva, 2017).

Espelho ofuscado

Tomar os Estados Unidos como referência pode ser uma decisão acertada pelo Brasil, uma vez que o inventor da democracia liberal tem atribuído o seu crescimento justamente à sua receita de proporcionar total liberdade de iniciativa ao indivíduo que se prontifica a empreender.

Entretanto, os governos brasileiros não seguem à risca a receita do vizinho, porque outros interesses costumam interferir nas ações dos governantes, que depois que chegam ao poder mandam esquecer tudo o que fora prometido durante o período de campanha eleitoral, sabendo que logo depois terão de voltar a prometer, porque novas eleições se aproximam.

Por contas das eleições alternadas, o Brasil não consegue se ajustar dentro dos princípios liberais. As eleições que elegem presidente, governadores de estado, deputados (federal e estadual) e senadores servem de trampolim para lideranças do poder econômico galgarem parâmetros para as eleições das prefeituras municipais. Já que se trata de um fatiamento de Estado total, estados membros e estados municipais, as eleições deveriam ocorrer de modo vertical, como forma de contenção de gastos desnecessários, já que é sabido que o Brasil carrega nas costas um pesado fardo nas áreas da educação, saúde e alimentação.

Na área da educação, o Brasil ostenta um dos piores indicadores no mundo, com cerca de 12 milhões de analfabetos absolutos, com idade entre 15 e 20 anos, 29 milhões de famintos e mais de 20 milhões de desempregados, tendo a informalidade como válvula de escape para quem não tem suporte para empreender e reforçar a proposta neoliberal, o sonho americano do brasileiro.

No Brasil funciona assim: quem detém o poder econômico controla o poder político, tanto de estados quanto de municípios, seja direta ou indiretamente, por meio de lobbys. Não é porque um pobre acessou o Poder Executivo que o poder econômico não irá deixar de exercer a sua influência. Exemplos recentes, como o da Operação Lava Jato, explicitam como funciona a intromissão do empresariado, principalmente empreiteiras, nas repartições públicas dos governos.

As políticas assistencialistas e populistas, mesmo que não resolvam os problemas cruciais da população carente, são veementemente criticadas pelo empresariado, que não esconde o desejo de ver o capital a serviço do capital. A exemplo dos Estado Unidos, o empresariado acredita que o poder econômico reúne todas as condições de resolver os problemas sociais e que os governos atrapalham o crescimento, o desenvolvimento econômico e a geração de empregos, o que é muito mais importante e interessante na vida das pessoas do que impor pesadas cargas tributárias para roubar a cena do assistencialismo e colher dividendos políticos.

Acudir o pobre carente, com dinheiro público, é desperdício, segundo a visão liberal. No entanto, os mesmos empresários que condenam o assistencialismo defendem o apoio do governo ao empresário em dificuldades. As empresas em recuperação judicial dão muito mais prejuízo ao Estado do que a mixaria de um auxilio emergencial de R$ 200,00. Em 2022 o governo federal investiu cerca de R$ 90 bilhões com o auxílio Renda Brasil, mas há controvérsias de que parte desse montante foi exclusivamente para socorrer os necessitados, porque no ano seguinte foi constatado que grande parte, cerca de R$ 4 bilhões, foram parar em mãos indevidas. Mesmo que R$ 90 bilhões seja considerada uma quantia relativamente alta, quando se trata de dinheiro público a fundo perdido, não significa nada perto de R$ 2 trilhões do Tesouro Nacional para socorrer instituições financeiras.

Entre todas as receitas para alavancar o crescimento do Brasil, a que mais se destaca é o investimento externo, com as grandes corporações investindo no setor produtivo, principalmente o industrial, porque fica cada vez mais difícil entender por que um país do tamanho do Brasil, com a infinidade de recursos de que dispõe, não consegue tirar o pé da lama. De modo geral, a culpa recai sobre o funcionamento da máquina administrativa, em que entra presidente, sai presidente e ninguém consegue impor um ritmo de crescimento que se assemelhe aos países da Ásia, os quais não dispõem da quantidade de recursos que o Brasil tem à sua disposição. A pressão, como sempre, é jogada para os governos que não fazem o dever de casa. Cada governo que se constitui traz na bagagem a promessa de enxugamento da máquina, mas até agora ninguém consegue apontar o ponto G da contenção de gastos públicos. A classe empresária culpa o corporativismo estatal, com os governos insistindo em manter uma estrutura empresarial, ao passo que deveria deixar isso a cargo do setor privado, porque o papel do governo é governar e administrar o Estado, enquanto o mercado desempenha a sua parte, fazendo com que o Estado se sinta mais leve e mais eficiente em sua atribuição, que é cuidar do seu povo.

Em 2022, o governo federal teve uma arrecadação recorde de mais de R$ 5 trilhões. Mais da metade disso tudo veio das empresas estatais e dos recursos naturais que são exportados. Mesmo atingindo tal meta de arrecadação, o caixa federal perdeu a chance de ficar ainda mais recheado, não fosse a venda de uma leva de empresas estatais que contribuíam com a arrecadação pública, geravam empregos e contribuíam com a produtividade interna brasileira, como é o caso de três fábricas de fertilizantes hidrogenados que atendiam à demanda brasileira tanto de insumos agrícolas quanto de empregos. Foram cerca de 12 mil trabalhadores na rua da amargura. Com o fechamento das fábricas – em Araucária (PR), Três Lagoas (MT) e Camaçari (BA) –, o Brasil passou a ser ainda mais dependente do fertilizante russo. Com o desencadear da guerra, o agronegócio passou por sérias dificuldades para adquirir insumos destinados à produtividade nacional. O Brasil é o único país de produção agrícola em larga escala que não produz os próprios fertilizantes.

Os países com as economias mais eficientes do mundo mantêm empresas estatais que ajudam na arrecadação do Estado. Os países nórdicos, por exemplo, todos mantêm empresas estatais eficientes e ninguém reclama que tais empresas atrapalham o funcionamento do Estado. Os Estados Unidos, maior referência de mercado liberal, controlam cerca de 35 mil empresas estatais, enquanto o Brasil descarrega a culpa na sua ineficiência em cerca de 320 corporações governamentais.

O PT voltou ao governo depois de oito anos fora do comando do Brasil. Quase não voltou. Escapou por pouco, porque o sentimento antipetista é muito forte. Sem uma razão mais plausível, a principal desculpa era a de que o PT, comprovadamente, era um partido de ladrões. Haja vista o estouro de escândalos Mensalão e Petrolão. Entre uma desculpa e outra, surgiu a pecha de ser o partido de LGBTQI+, do kit gay nas escolas e do Movimento dos Trabalhadores Rurais sem Terra (MST) com os seus invasores de terra, mas o rótulo antipetista é antigo e recai pela antiga postura do seu líder maior, Lula, que antes de ascender ao poder pregava um governo estatizante, o principal ponto que assustava a classe empresarial, que temia um Estado totalitário, aos moldes de Cuba, China e da extinta União Soviética. Lula foi eleito e nada disso aconteceu e, foi além, promoveu uma série de concessões, principalmente na área de serviços.

O PT ficou no governo durante 14 anos e saiu por conta de vacilos e inexperiência da chefe do Executivo, Dilma. Ela foi tirada à força do posto de presidente mediante desculpas esfarrapadas de que havia cometido "pedaladas fiscais". Ainda hoje se repete a ladainha de que sofreu um golpe de Estado, mas o certo é que Dilma fora vítima de um sentimento ideológico e, de certa forma, irracional de uma classe política viciada e ainda em formação na jovem democracia brasileira.

20

PETROBRÁS RETOMA A PRODUÇÃO DE FERTILIZANTES NO PARANÁ E NO MATO GROSSO

As duas unidades da Fafen Fertilizantes hidrogenados, uma em Araucária (PR) e a outra em Três Lagoas (MT), devem voltar a operar ainda em 2024. As fábricas tiveram suas atividades interrompidas durante o governo passado, o que levou o Brasil a depender da importação de cerca da metade dos fertilizantes que usa na sua produção agrícola.

A unidade do Paraná foi fechada de forma arbitrária pela diretoria da Petrobrás, o que causou a revolta de todo o corpo funcional, cerca de mil funcionários, que ficou sem emprego.

Quanto à unidade do Mato Grosso, a Petrobrás optou por dar um outro rumo à fábrica ao tentar negociar com um grupo russo, Acron Fertilizantes. Em uma transação embaraçosa e mal explicada pela ministra da Agricultura, Tereza Cristina, que acabou não vingando, o parque fabril deixou de produzir adubos para a agricultura brasileira.

A situação se complicou com o estouro da guerra entre Rússia e Ucrânia o que dificultou o acesso e a remessa do produto dos principais fornecedores do Brasil, da Rússia e de Belarus. Na tentativa de minimizar a situação, o ex-presidente Bolsonaro teve de entrar no fogo cruzado da guerra para chegar até a Rússia e refazer os compromissos de compra de fertilizantes.

Com a troca de governo e de comando da Petrobrás, a produção de fertilizantes própria do Brasil deverá voltar à normalidade.

O que aconteceu com a produção de fertilizantes do Brasil foi pura falta de gestão com uma leve pitada de preconceito. Dentro de um Brasil de dimensões continentais, é impossível não haver empresários capacitados a gerir um parque fabril primordial e estratégico para a soberania nacional. Foi uma atitude antissocial e até desumana, porque pessoas perderam o emprego e o país teve de exportar dinheiro para adquirir um produto que poderia ser produzido aqui.

Casos semelhantes a este, ocorridos com a produção de fertilizantes, seriam facilmente resolvidos se tivesse ocorrido no seio dos tigres asiáticos, Japão ou Correia do Sul. O grau de desenvolvimento alcançado naquela região dá para torrar a ponto de rapé todo o continente americano.

Tanto Japão quanto Coreia não enfrentam esse tipo de problema porque a cultura é outra. Pelas bandas de lá a empresa, produtora de bens de consumo, não é objeto de ostentação de rico sobre pobre nem da hegemonia do capital sobre o trabalho. Para os asiáticos, a empresa é um instrumento produtor de satisfação, bem-estar social e garantia da soberania nacional. Nesses países, a organização empresarial se dá entre famílias com a tutela soberana do Estado.

No Japão, as organizações empresariais são chamadas de Keiretsu. Trata-se de uma estrutura de negócios em que grandes empresas firmam parcerias e colaboram entre si para alcançar os objetivos estratégicos. Nessa relação não há concorrentes entre si, mas uma relação de suprimento de necessidades tanto comerciais quanto de produção.

Por exemplo: os fabricantes de máquinas e equipamentos industriais têm como prioridade as empresas do grupo. Ficará para a exportação o excedente da produção, ao contrário dos produtos de consumo, que são destinados à exportação. Para isso há a garantia real do governo, que dá suporte ao sistema financeiro. Dessa forma, toda a cadeia produtiva tem o destino pré-estabelecido para a sua produção.

O sistema Keiretsu veio para substituir o sistema Zaibatsu. Até 1945, a organização empresarial japonesa se dava entre famílias. Depois da Segunda Guerra Mundial, em que o país fora praticamente destruído, parte da organização do seu sistema empresarial também foi junto. Foi aí que surgiu o sistema Keiretsu, em substituição ao Zaibatsu, que passou a dar mais certo porque saiu da bolha familiar e agregou novas forças de produção e até de pensamento produtivo.

Na Coreia, apesar da eficiência produtiva e organização empresarial, o modelo ainda se dá entre famílias. Só que no lugar de Zaibatsu lá eles se organizam por meio dos Chaebols. A exemplo do Japão primitivo, eles ainda mantêm sob o comando de famílias o controle dos principais grupos empresariais do país. Os mais famosos Chaebols coreanos são Hyundai Motors, Samsung Eletrônicos e LG (Lote Group), que além de eletrônicos, estão presentes em outras dezenas de atividades industriais e financeiras.

Existem receitas e exemplos a serem seguidos. O Brasil precisa encontrar a sua. Manter-se isento das atividades econômicas e produtivas da nação é, no mínimo, falta de noção. O governo de um Estado precisa estar atento não somente sobre o desenrolar do sistema produtivo e econômico, mas também como um agente orientador e condutor sobre os trilhos do desenvolvimento. Governo não é só para cobrar impostos e taxação. Governo é comando.

O embate entre esquerda e direita, em que um defende privatizar e outro estatizar, não passa de guerra de narrativas porque as duas teses convencem apenas a plateia que se dispõe a ouvir. No final, quem paga o preço é que não tem nada a ver com a história.

21

ABERTA A TEMPORADA DE CAÇA AO ELEITOR

Em 1986, o Brasil realizou a primeira eleição após o fim do regime militar. Ainda que não houvesse eleição para presidente, pois esta teria acontecido um ano antes, o pleito serviria para encaixar o Brasil nos trilhos, porque estava quase ingovernável por conta de uma Constituição já toda remendada e que, em quase nada, correspondia aos anseios do povo brasileiro. A eleição de um Congresso Constituinte era a ordem do dia e o confronto entre direita e esquerda tornava-se mais nítido diante das cores estampadas em cada bandeira.

O ressurgimento dos partidos de esquerda, que estiveram na clandestinidade, como os partidos comunistas Partido Comunista Brasileiro (PCB) e Partido Comunista do Brasil (PcdoB), o socialista Partido Socialista Brasileiro (PSB) e os recém-criados PDT, PT e Partido Trabalhista Brasileiro (PTB), a fileira da esquerda foi engrossada, mas dividida e confusa pelas dificuldades em fazer o eleitor assimilar suas propostas. A direita, que já estava no poder sob a tutela dos militares, fora beneficiada pelo uso da máquina, com exceção do MDB, o partido que não fazia acepção de políticos, acolhia todos, sem se importar com a preferência ideológica, observando apenas a viabilidade eleitoral, e que foi o grande vencedor daquele pleito. Apesar de ser um partido de Centro, seus quadros eram, em grande parte, conservadores de direita.

Na época, e durante a campanha, o terror que se impunha ao eleitor era o perigo da eleição dos comunistas. Entre os mais incisivos estava o ex-governador de São Paulo, José Maria Marin, que concorria a uma vaga ao Senado. Em São Paulo, os então esquerdistas Mário Covas (ex-exilado) e FHC (que, por conta da formação como sociólogo, era taxado de socialista), por liderarem a campanha ao Senado, eram rotulados de comunistas. A forte campanha contrária não deu certo e o MDB paulista elegeu os dois, assim como no resto do Brasil elegeu 48 senadores constituintes, fazendo brotar dos bastidores o medo do Congresso de uma Constituição socialista.

A nova Constituição foi apresentada no final de 1988, mas com muitas disposições transitórias, ou seja, um conjunto de normas não permanentes e com prazo de validade e uma série de indefinições sobre leis existentes na antiga Carta Magna, que não encontraram espaço na nova Constituição e ficaram a depender de emendas, como é o caso da Lei 4.737, de 1965, que versa sobre as eleições, e a Lei 5.250, de 1967, que define a atividade jornalística no Brasil. As duas, entre outras, estão dependendo da aprovação das PECs que se encontram engavetadas no Congresso.

Apesar de sair a meio termo, não tanto conservadora nem tampouco progressista, a nova Constituição chegou para dar novos ares de liberdade ao povo brasileiro. Assim como o primeiro artigo delegava todo o poder ao povo, ficaria a cargo dele decidir o seu rumo frente ao voluntariado que se prontificaria a assumir o comando. O primeiro embate entre esquerda e direita ocorreu em 1989, sob efeitos artificiais e sem os recursos tecnológicos de hoje, mas já era mais que suficiente para mostrar ao Brasil que fake news são um recurso atemporal dentro da política brasileiro. Collor de Mello foi o vencedor na disputa entre os dois mais mentirosos, num grande embate ideológico entre esquerda e direita. Como a mentira tem pernas curtas, o campeão não conseguiu ir além de dois anos de governo.

O pleito seguinte, que era a grande chance de a esquerda mostrar como se fazia a coisa certa, foi quando, já citado anteriormente, FHC misturou tudo e, por muito tempo, a política brasileira ficou ambidestra – sem direita e sem esquerda.

A mistura simbiótica de FHC ficou ainda mais confusa quando decidiu agradar a direita com o maior programa de privatizações já visto no Brasil. Antes disso, o Brasil vinha de um longo período de manutenção de empresas estatais em diversas áreas da produção industrial, desde produtos químicos, siderúrgicos, abrasivos, automóveis, caminhões, trens, trilhos e até aviões.

Sob o comando de FHC, a nova ordem mundial era enxugar o Estado e entregar o setor produtivo a quem era de direito, o empresariado. E foi assim que tudo começou, com o então ministro da Fazenda José Serra, que deu início ao programa de privatizações das empresas públicas do governo federal.

A grande expectativa era a de que fosse um sucesso de negociações, em que o governo brasileiro engordaria o caixa com as vendas do espólio, ora atribuído ao desastroso período de governo militar.

Contudo, não foi bem como se esperava e uma série de escândalos se sucederam com a venda de empresas a amigos e parentes sem dinheiro e com nome sujo e, ainda, a troca de autarquias por moedas podres (títulos da dívida pública já vencidos ou com prazo muito extenso).

> [...] *A Privataria Tucana* narra as irregularidades no maior programa de privatizações de empresas estatais do Brasil, durante os dois mandatos do governo Fernando Henrique Cardoso, tendo como comandante o seu então ministro do planejamento, José Serra (Amauri Ribeiro JR, em *A Privataria Tucana* – Geração Editorial, 2011)

O que valia e o que não valeu

Durante a programação de privatizações das empresas estatais brasileiras, o episódio que gerou mais polêmicas foi o processo de privatização da mineradora Companhia Vale do Rio Doce. Uma forte campanha foi massificada na mídia para justificar a venda da estatal, que envolvia um *pool* de 54 empresas coligadas que atuavam em diversos ramos de atividade, que iam além extração de minérios. A campanha tinha como slogan "O que Vale e o que não Vale". O anúncio tentava convencer a opinião pública de que seria mais vantajoso ao Estado vender a empresa, porque se livraria das obrigações com o sistema operacional, como extração, transporte, beneficiamento e comercialização de minérios, enquanto tinha atribuições muito mais importantes de natureza governamental do que se envolver com atividade empresarial. Por essa razão, insistia em passar a ideia de que a empresa teria maiores chances de crescimento sendo conduzida pela iniciativa privada e poderia contribuir muito mais com o crescimento da indústria nacional brasileira.

A Vale do Rio Doce foi criada em 1942, com recurso do Tesouro Nacional, coincidentemente com a campanha O petróleo é nosso, que dez anos mais tarde daria início à fundação da Petrobrás, outra gigante estatal brasileira. Juntando-se, as duas formavam a barreira estratégica da soberania nacional.

Durante 55 anos a Vale foi uma empresa mista e o seu controle acionário pertencia ao governo federal. Depois da privatização, a Vale passou a ser comandada por um *pool* de bancos, que formavam o Consórcio Valepar (Vale Participações), detentor de 33% das ações, enquanto investidores estrangeiros passaram a somar 27% das ações totais da empresa, fechando um total de cerca de 60% do controle acionário da companhia.

Com a venda da Vale, o governo arrecadou R$ 3,3 bilhões, que foram dados em troca da estrutura operacional da empresa (galpões, centros industriais de processamento de minérios, estradas de ferro e frota de trens de transporte de minérios). O que foi vendido foi somente a estrutura de operação. Quem comprou recebeu de graça todas as reservas minerais da União, que, na época, em 1997, estavam avaliadas em R$ 100 bilhões. A justificativa do governo era de que o dinheiro arrecadado com a venda da Vale seria destinado à amortização da dívida pública, tanto externa quanto interna. A exemplo de outras privatizações, isso nunca ocorreu.

A promessa de fomento da empresa rumo à autossuficiência brasileira no mercado do aço foi, de pronto, deixada de lado em troca de outra opção da empresa, que foi a exportação desenfreada do minério bruto, sem o beneficiamento dos produtos, deixando geração de emprego para os países importadores e aniquilando a indústria siderúrgica brasileira e o esgotamento acelerado das reservas brasileiras, ao lado de impactos ambientais como a lama que soterrou povoações como Paracatu de Baixo e Brumadinho.

Hoje a Vale coloca-se como a maior mineradora mundial de minério de ferro, produtora de ouro, exploradora de bauxita (minério do alumínio), cassiterita (minério do chumbo), níquel e titânio, dos quais o

Brasil tem as maiores reservas do mundo. Entre as reservas minerais está a jazida de Serra Pelada, onde se extraíram cerca de 45 toneladas de ouro. A previsão é de que a mina ainda acumule um acervo de 500 toneladas do minério. Aproveitando o jargão "o ouro foi entregue ao bandido", os compradores levaram a jazida de Serra Pelada no pacote da compra da Vale.

Dois anos antes da privatização, o governo brasileiro, na época FHC, havia informado à Securities and Exchange Comission, dos Estados Unidos, que suas reservas de minério de ferro em Minas Gerais totalizavam cerca de 8 bilhões de toneladas. O edital de privatização dizia que era apenas 1,4 bilhão de toneladas. A instituição americana ainda fora informada de que as reserva da Serra dos Carajás, no Pará, tinha 4,9 bilhões de toneladas. No edital acusava apenas 1,8 bilhão.

A proposta de privatização da Vale, segundo o governo, por meio do seu ministro do Planejamento, José Serra, era dar um salto de qualidade na condução do desenvolvimento industrial brasileiro. Contudo, a Vale não seguiu o combinado e mudou o rumo da produção mineral, destinando-a ao mercado internacional, aproveitando a onda da valorização das commodities. O ritmo tornou-se ainda mais célere no governo seguinte, quando o inexperiente Lula embarcou na onda da coleta de dólares e deixou o bonde correr frouxo.

Já o segundo governo petista, com Dilma no comando, percebeu que o negócio não estava indo bem. A alta do desemprego, por volta de 2011, levou a presidente Dilma a propor a troca do presidente da Vale, porque o presidente da companhia, Roger Agnelli, não estava seguindo o cominado e a Vale não estava implementado a política de geração de empregos, conforme proposto na transação da privatização. Agnelli foi substituído por Murilo Ferreira, que ficou no cargo até 2017, sendo substituído por Fábio Schvartsman, já no Governo Temer, mas sem a intromissão do governo federal. Hoje a Vale é comandada por Eduardo Bartolomeu, um executivo renomado que assumiu a direção geral da companhia com a missão de recuperar a imagem da empresa com a opinião pública depois dos desastres de Mariana e Brumadinho.

Venda de refinaria da Petrobrás é questionada no TCU

Avaliada em U$ 3 bilhões, a refinaria foi arrematada por U$ 1,6, ou seja, em torno da metade do preço.

O valor da venda da refinaria de Landulfo Alves, na Bahia, foi questionado em audiência pública na Comissão de Fiscalização Financeira e Controle da Câmara dos Deputados. A refinaria foi vendida para o grupo Mubadala – Fundo Financeiro de Abu Dhabi, dos Emirados Árabes – pelo valor U$ 1,6 bilhão. A transação fez parte do processo de desinvestimento da estatal, conforme informou Rafael Chaves Santos, gerente executivo de estratégias da petroleira. Segundo ele, a avaliação é de que novos investidores tragam mais recursos para o país. Dentro do acordo está a proposta de investimento de U$ 9 bilhões ainda com a garantia de manter a refinaria na Bahia e preservação dos empregos.

Defasagem de preço

O pesquisador do Instituto de Estudos Estratégicos de Petróleo, Gás Natural e Biocombustíveis (Ineep), Eduardo Costa Pinto, ressaltou que a Petrobrás, inicialmente, estimou o valor justo da refinaria em cerca de U$ 3 bilhões, enquanto a XP estimava o valor em U$ 3,5 bilhões. Em meio às negociações, o BTG, banco de investimentos que tinha o ministro da Economia, Paulo Guedes, como sócio, reduzia o preço da refinaria para U$ 2,5 bilhões. Isso foi no final de 2020. Na virada do ano, a Petrobrás reduziu para U$ 1,7 bilhões. A redução foi atribuída aos impactos causadas pela pandemia da COVID-19. O Ineep considerou equivocada a ideia de que a pandemia tenha provocado profunda desvalorização de uma refinaria de operação a pleno vapor.

O pesquisador previu que, com a venda da refinaria, o questionado monopólio estatal poderia se transformar em monopólio privado regional. Além da refinaria, o grupo Mubadala investiu sobre um pacote logístico de dutos que passa pelos terminais de Jequié e Itabuna e tem acesso

O Município Cachimbo e o Prefeito Linguiça

ao escoamento ferroviário para o mercado de Minas Gerais. O temor, segundo Costa Pinto, é de que o país poderá sofrer uma sequência de apagões de combustíveis, já que, com a privatização, a Petrobrás deixa de responder pela coordenação do abastecimento regional.

> Coordenador da Federação Única dos Petroleiros (FUP), Deyvid Bacelar avalia que a venda das refinarias é inconstitucional e ilegal. Conforme ele, para a privatização ocorrer deveria ter passado pela análise do Congresso Nacional, mas foi analisada "por apenas 29 pessoas".

> Na visão dele, o monopólio regional privado vai levar ao aumento de preços do gás de cozinha, da gasolina e do diesel (Lara Haje, Agência Câmara Notícias, 1 de junho de 2021).

Na reportagem, Bacelar entende que o investidor "vai querer retorno do investimento, minimizando custos e maximizando lucros, e quem vai pagar a conta será o cidadão". Ele entende que a venda da refinaria não causa prejuízos apenas à população. O ônus se estende "aos municípios, aos estados, à própria Petrobrás e à União". Ele completou dizendo que os investimentos na Petrobrás estão caindo, enquanto os ganhos dos acionistas estão aumentando. "Segundo ele, a iniciativa privada não constrói refinarias, gera menos empregos" e os que geram são de menor qualidade. O temor é de que 50% da capacidade de refino do país seja entregue à iniciativa privada, com desculpa de aumentar a concorrência para provocar a redução dos preços.

133

22

EM BUSCA DO MODELO IDEAL

A premissa básica do liberalismo é a ausência de intervenção do Estado na economia. Portanto, a economia é autorregulada, ou seja, não depende de ações estadistas para funcionar. Na mesma lógica, o agente econômico principal é o sujeito, na qualidade de consumidor, que atua conforme a ausência de regras preestabelecidas para o funcionamento do mercado. Sendo assim, o liberalismo defende, principalmente, a total liberdade econômica dos Estados nacionais.

Apesar da constante renovação da promessa de não interferência do Estado brasileiro nas ações do mercado, os governos que se sucedem nunca deixaram meter o bedelho nos rumos da economia. A constante preocupação é a de não assustar os investidores estrangeiros, que podem contribuir com o crescimento da economia e, de forma natural, o próprio mercado resolver a maior parte das carências sociais. O problema é a confusão de Estado enxuto e eficiente com Estado omisso e irresponsável com o seu povo, quando descarrega nas empresas públicas a culpa da sua incapacidade de governar. Quem paga impostos, embora não tenha o poder de exigir, tem o legítimo direito da contrapartida, mas quando esta vem, é em forma de esmolas ou subliminarmente em compra de votos.

Como foi visto anteriormente, as privatizações de empresas públicas nunca surtiram os efeitos prometidos, haja vista a venda da Companhia Siderúrgica Nacional (CSN), a maior siderúrgica da América Latina, arrematada por R$ 1,05 bilhão, sendo R$ 1 bilhão formado de títulos precatórios. Nos cofres públicos só ingressaram R$ 38 milhões. Um instrumento estratégico da soberania nacional no mercado do aço foi entregue de graça. A sequência foram crises sucessivas, ao ponto do seu controlador, o grupo Vicunha, tentar reerguer a companhia com a venda de ativos, como a jazida Casa de Pedra, em Minas Gerais.

A constituição do Governo Bolsonaro foi alicerçada na política de privatizações. O seu principal mentor, Guedes, prometia privatizar as principais estatais brasileiras, tidas como o filé das empresas públicas, Petrobrás, Banco do Brasil, Caixa Econômica Federal e até os Correios. São empresas sólidas e estratégicas para a soberania nacional, mas que enchem os olhos da iniciativa privada. Várias investidas no sentido de entregar essas empresas ao mercado não vingaram. Ainda não se sabe até quando vão se sustentar nas mãos dos governos que estão por vir, porque o projeto do PT é mantê-las sob a tutela do Estado.

Ainda não ficou esclarecido qual o problema que essas empresas causam ao governo, senão ao próprio mercado por conta da concorrência. O Estado brasileiro convive com problemas muito maiores, que provocam a sua ineficiência, como é o caso da classe política e judiciária. Cerca de 500 juízes recebem salários acima de R$ 100 mil. Isso é o que aparece no noticiário. Por outro lado, os juízes que cometem crime são punidos com aposentadoria sem prejuízos de vencimentos.

Quanto à classe política, o Brasil é o único país emergente que mantém salário de vereador. Tudo bem que isso seja uma herança dos governos militares, mas ainda é tempo de corrigir, uma vez que o país convive com uma infinidade de problemas sociais, principalmente com relação a saúde, educação e segurança de geração de renda à população economicamente ativa.

No Congresso Nacional, uma população de 513 deputados abocanha mensalmente R$ 86 milhões, o que gera uma soma de mais de R$ 5 trilhões durante um mandato de quatro anos. Isso ainda não conta os auxílios, como moradia, viagem, combustíveis e despesas extras.

Acalorados debates são travados no Congresso sobre o inchaço da máquina com funcionários ociosos, nas repartições, enquanto outros setores carecem de servidores para atender às demandas públicas. Chegam a acusar a quantidade de ministérios como culpada do aumento das despesas do governo, mas se esquecem de salientar o que isso incide sobre a peça orçamentária em execução do referido exercício.

A nova política prometida por Bolsonaro fora, de imediato, abortada pelo risco de sofrer impeachment. Na prática não ia além de mera retórica, porque, como conhecedor do funcionamento do Parlamento, tinha consciência da impossibilidade de podar a inércia e seus vícios. O alarde, ora propalado, serviu apenas para oficializar o jeito brasileiro de fazer política, onde o presidencialismo é neutralizado pelo parlamentarismo de aluguel.

O primeiro e mais famoso escândalo de pagamento mensal de aluguel do Parlamento brasileiro, foi o Mensalão, comandado por José Dirceu, ex-deputado federal e ministro-chefe da Casa Civil no Governo Lula. O Mensalão era uma verba não contabilizada que os deputados recebiam em troca de apoio ao governo petista, para assim garantir a governabilidade do primeiro mandato de Lula.

O escândalo foi dado como uma descoberta, mas todos sabem que era uma prática comum nos parlamentos, tanto federal quanto estaduais e municipais. Muita gente perdeu o mandato e tantas outras foram presas, mas a prática de cobrar apoio parlamentar nunca deixou de existir, mesmo porque já vinha sendo praticada desde o fim do regime militar.

Ainda que seja dispendioso, o Parlamento brasileiro, nas suas três esferas, torna-se um gasto desnecessário e, até, antipatriótico. Quem quer ver o bem do país precisa se predispor a dar a sua parcela de contribuição para o bem de todos, principalmente das classes desfavorecidas, e no combate às desigualdades sociais. Um Estado enxuto é aquele que não tem despesas que comprometam a sua receita. O aluguel dos parlamentos, ainda que seja legal, é um tanto quanto imoral.

A atividade pública, que deveria ser uma ação altruísta do cidadão, se transformou em profissão e um negócio altamente lucrativo. O alto custo, de praxe, da manutenção da atividade parlamentar, parece não ser suficiente para saciar a sede dos parlamentares, porque ainda recorrem a outros mecanismos de captação de recursos públicos, como as emendas no Orçamento da União e propinas de lobbys oferecidas por corporações interessadas em obter vantagens para atuarem no país, nos estados e nas cidades. Daí a razão pela qual a política é cada vez mais endemoniada diante da opinião pública.

Via de regra, a República foi implantada para conter os abusos do regime imperialista e as mordomias dos seus membros. O cidadão que paga impostos espera que o seu dinheiro, entregue aos cuidados do Estado, seja revertido em benefícios para a coletividade. A mudança de regimes não passou de mera formalidade, quando um governo de poder fixo e hereditário fora substituído por um móvel e com data de vencimento, porque as mordomias continuam as mesmas e os abusos nunca cessaram.

Quem tem o poder econômico quer o controle político. E isso se torna possível mediante a permissividade da própria legislação, que além de extensa é cada vez mais confusa. A confusão se estende à falta de regulação do excesso de democratização da atividade partidária, chegando ao ponto de transformação do partido político em uma indústria bilionária.

O cidadão que se prontifica a dar sua contribuição ao Estado, na condição de pessoa pública, quando não se transforma em bandido, estelionatário, ou refém da picaretagem política, é obrigado a alugar vagas na legenda e ainda dar garantias de condições de compra de votos. A safadeza se estende ao eleitor, que deveria ser orientado pelo partido, mas fica sem opção. Antes de ser concorrente às cadeiras no Executivo e no Legislativo, a função da agremiação partidária deveria ser eminentemente educativa. Para adquirir musculatura eleitoral, o papel do partido deveria ser o de preparar, projetar lideranças e revelar talentos. Mas a orientação é outra: subornar o eleitor para depois ser alugado pelo comandante do Poder Executivo, no caso do representante do Parlamento. Há ainda aqueles que não têm poder de fogo para comprar votos e se prestam ao papel de escadas para facilitar a chegada do mais forte ao poder e assim conseguir uma vaga na folha de pagamentos em determinada repartição ou se contentar com uma vaga de assessor.

Se enxugar o Estado é cortar despesas, o ponto de partida é rever o papel da classe política, o que ela representa e o que pode contribuir, e não descarregar a culpa nas empresas que contribuem com a receita do governo. O Estado não precisa ser necessariamente empresário, contudo, um governo sério e responsável precisa manter seus pontos de controle estratégicos de garantia da soberania do Estado. Na onda de entregas do patrimônio público brasileiro, houve mais desastres do que sucesso. Entre os desastres figuram a venda das siderúrgicas e minera-doras, quando o Estado brasileiro perdeu o controle sobre os recursos do subsolo, incluindo agora a entrega das reservas do pré-sal, mas obteve sucesso em outras investidas, como a privatização da Embraer, que hoje é a terceira maior construtora de aeronaves do mundo.

Monarquia republicana

O surgimento da burguesia na Europa provocou uma crise sem precedentes às monarquias tradicionais, até porque não se conhecia outro modelo de governança no Velho Mundo. Como foi citado nos capítulos anteriores, quem detém poder econômico quer o poder político. E com o Brasil não poderia ser diferente. Acontece que os movimentos de tran-sição, para troca de regime governamental, de Império para República, no Brasil, nunca se consumaram porque a classe burguesa do Brasil se resumia a meia dúzia de parasitários e apaniguados da Coroa, que não gozavam de autonomia financeira. A Proclamação da República brasileira se deu não por fortalecimento da burguesia, mas pelo enfraquecimento do poder imperial. O plantel de criadores da República foi composto, na maioria, de elementos de dentro do Império. Daí a dificuldade de mudança de hábitos, que permanece até os dias atuais, porque não foi projetado um modelo republicano de governar o Brasil, e o arremedo de República travestido de Império se estende aos estados membros e contamina até os municípios. O presidente da República brasileira se sente o dono do país, os governadores, os imperadores e os prefeitos, mendigos com pompa de monarcas.

A semelhança é nítida quando se vê os respectivos corpos legis-lativos compostos de elementos dispostos a se valerem de bobos da corte ao cortejar governadores e prefeitos sem se importar se o que estão fazendo é certo ou errado. Já que o cidadão comum não dispõe das informações necessárias ao comportamento do político, o cidadão eleito segue à risca, uma vez que o eleitor não exige, por sua vez não faz questão.

É comum flagrar o vereador de comportamento reacionário e hábitos burgueses sendo filiado a um partido comunista, apenas como pretexto para se aproximar do governador ou frequentar a cozinha da casa do prefeito, com afã de obter status e demonstração de poder e, assim, olhar o seu eleitor de cima para baixo como se fosse ele um ser superior.

Isso só acontece no Brasil por causa do modelo republicano implantado, que é confuso e mal explicado, porque ninguém consegue entender o seu funcionamento, a começar pela classe política. Recentemente nasceu o movimento da Escola sem Partido para que a classe política sucessora, ou os emergentes, continue a não conhecer a política e seguir a rota ditada por Brasília. Demonizar a política é uma forma de encobrir os sucessivos escândalos, os quais são tomados como exemplos a serem seguidos por Assembleias Legislativas e Câmaras Municipais.

Quando se aborda um vereador, já sente que se trata de uma pessoa pisando em ovos. Tem medo até do que diz. Com exceção do encrenqueiro que se traveste de oposição, simplesmente porque bebe de outra fonte, que não é a do prefeito, e, por um motivo ou outro, planeja outro golpe. Trata-se de um suposto legislador cheio de limitações, porque na maioria das vezes desconhece as leis ou até mesmo o regimento interno da casa que regula suas ações no âmbito das suas atividades.

O ex-deputado federal e professor de Direito, Luiz Flávio Gomes, transporta o Brasil de hoje para a Idade Média para mostrar sua verdadeira face, a qual nunca conseguiu acompanhar a evolução do mundo. Segundo Gomes, não há como não concluir que o Brasil de hoje é uma das mais acabadas versões do velho feudalismo europeu. A conclusão foi tirada da oitiva do empresário Marcelo Odebrecht pelos deputados da Comissão Parlamentar de Inquérito (CPI) da Petrobrás, que simulava apurar os escândalos ora desencadeados pela Operação Lava Jato. A grande maioria de deputados que compunha a comissão tiveram suas campanhas financiadas pela mafiocracia das empreiteiras, quando o empresário exercia o papel de suserano, enquanto os deputados não conseguiam disfarçar a postura de vassalagem frente ao senhor feudal. Citando um trecho publicado simultaneamente pelos periódicos *Folha de São Paulo* e *O Estado de São Paulo*, e depois reproduzido por periódicos do Brasil inteiro, inclusive pelo *Correio do Sul*, de Eunápolis, as seme-lhanças acasalam com todas as coincidências. Segue a descrição:

> [...] Marcelo Odebrecht foi cortejado por um diligente grupo de súditos; os deputados da CPI da Petrobrás. Os inquisido-res concorriam para ver quem cortejava o empresário, que responde a ação penal por corrupção, lavagem de dinheiro e formação de organização criminosa; "Senhor Marcelo, é a primeira vez que tenho a oportunidade de estar no mesmo ambiente que o senhor" desmanchou-se Altineu Cortes (PR-RJ); seus empregados sentem "profundo orgulho" do senhor; só faltou pedir autógrafo. Valmir Passidelli (PT-SP) disse: "O senhor acha correta a prisão, considerando que sempre se colocou à disposição da Justiça?". O acusado retribuiu, sensibilizado: "Agradeço muito as perguntas que o senhor está fazendo, porque elas seriam as minhas repostas"; Delegado Waldir (PSDB-GO), que na véspera chamara José Dirceu de "Ladrão", parecia outra pessoa. "Parabéns, eu também me orgulho muito do meu pai", disse quando empreiteiro citou o patriarca Emilio, provavelmente um antigo vassalo. Outro tucano, Bruno Covas (PSDB-SP), se mostrou compreensivo quando o réu se recusou a res-ponder às perguntas: "Não precisa pedir desculpas, até porque é um direito seu". Carlos Andrade (PHS-RR) quis saber se o executivo continuaria a defender o financiamento privado de campanhas eleitorais: "Sou a favor e sempre fui". A resposta fez até brotar sorrisos de canto de boca nos membros da comissão. Na condição de suserano, o réu sabia que não seria incomodado pelos deputados vassalos. Luiz Sérgio (PT-RJ) dirigiu ao senhor neofeudal como "um jovem executivo de uma das mais importantes empresas brasileiras", que deve, sim, ser beneficiada com o acordo de leniência. Sorridente, o suserano disse que [se] uma filha sua fizesse algo errado e a outra dedurasse, ele brigaria com a delatora e não com quem fizera o malfeito. Esse é o seu "valor moral", uma moral mais apropriada a uma organização mafiosa, em que o abominável delinquente é aquele que delata o crime, e não o quem o comete. A pri-são ocorreu não de fatos, mas de "publicidade opressiva". "Quando há um problema na Odebrecht, quem perde é a sociedade brasileira".

Um novo mundo

O fim do Império Romano deu início ao período medieval, na Europa, época em que o continente sofreu um novo processo de mapeamento e redemarcação com o surgimento de pequenos reinados, principados, condados e ducados, todos originários de suseranias e feudos que exploravam a vassalagem. Durante cerca de mil anos (300 a 1400), o poder político se concentrava nas mãos dos senhores feudais, que eram suseranos, ou seja, donos absolutos dos seus feudos, mas não do comando geral do poder, que era atribuído ao papa. O suserano tinha total domínio sobre os seus vassalos e seus territórios. Os senhores feudais (donos de terras) mantinham entre si relações hierárquicas de nobreza (reis, duques, marqueses, condes) e de clero (papa, bispos e abades). Todos os príncipes eram entre si suseranos (um acima do outro) e vassalos (um abaixo do outro), com base em juramentos de lealdade, mediante os quais formavam uma pirâmide hierárquica de poder e dignidade. Cada príncipe governava seu principado com efeito de um domínio político de base territorial. O domínio da terra implicava o domínio político e jurídico. Com o surgimento dos reis, acordo entre os senhores feudais e o papa, estes exerciam o governo em nome de Deus, com poderes soberanos ilimitados.

Gomes segue o seu relato citando que os atuais senhores neo-feudais do Brasil (os donos do poder econômico, financeiro e político) são sucessores de outros que os precederam, donatários de capitanias hereditárias, senhores de engenhos, fazendeiros e coronéis. Todos são a soma atualizada de tudo que as civilizações anteriores vivenciaram (consoante à ótica circular da história): patriarcalismo, escravagismo, personalismo, poder hierarquizado piramidal, ignorantismo da população dominada, misticismo e extrativismo. Tudo isso, no Brasil, agrega o patrimonialismo – confusão com o patrimônio privado com o patrimônio do Estado –, assim como a formação de um caráter frouxo, sem bases ético-morais fortes, o que reflete diretamente o jeitinho brasileiro.

[...] O Brasil, com toda essa cultura personalista, patriarca-lista, escravagista, ignorantista, extrativista, aristocrática e hierarquizada deu no que deu: desigualdades brutais, que são, por sua vez, as matizes da nossa caótica desor-ganização social, assim como fontes estimuladoras da violência tribalista individual e coletiva. Em números: 12º mais violento do planeta, 19 das 50 cidades mais homicidas do planeta estão no Brasil. O campeão mundial de agres-sões contra professores é o Brasil. 8º país do mundo em analfabetismo absoluto (mais de 13 milhões de pessoas acima de 15 anos), um dos países menos competitivos da globalização e por aí vai. Tudo isso é reflexo de uma clientelista, nepotista, familista e fisiologista. Assim segue o Brasil dando um passo à frente e dois para trás (Luiz Flávio Gomes, em *Populismo penal legislativo* – Editora Juspodivm, 2019).

23

RENASCIMENTO À BRASILEIRA

Trezentos anos depois da Revolução Industrial no Velho Mundo, o Brasil, por fazer parte da ala jovem do globo terrestre, ainda patina no barro para dar o primeiro passo. Os primeiros ensaios surgiram no período de Vargas, receberam os primeiros impulsos na era JK, mas emperraram durante o regime militar, diante das medidas protetivas impostas para evitar a entrada de investimentos de países do bloco soviético, e isso se estendeu aos demais países de economia liberal, porque os métodos de condução da economia brasileira se perdiam em meio a um manicômio tributário e à promiscuidade dos governantes com lideranças tendenciosas aos métodos socialistas, o que bloqueava a confiança dos investidores do mercado de capitais, que exerciam forte influência sobre o setor industrial do primeiro mundo.

A turbulência política causada por atos institucionais para abafar a revolta popular levou o governo militar da época, de Médici, a buscar uma via de contentamento, quebrando a morosidade da economia com o chamado Milagre Econômico, um breve ensaio de prosperidade, quando o parque industrial brasileiro conseguiu elevar o PIB nacional a um patamar de 13% ao ano em um período de quatro anos (1969 a 1973), dando sinais de que o Brasil teria encontrado o caminho do desenvolvimento. Esse intervalo foi bom enquanto durou, mas trouxe sérias consequências por conta da forma irracional como se deu.

O primeiro problema foi a distribuição geográfica dos pontos de produtividade. Os parques industriais foram instalados no eixo Rio-São Paulo, o que ocasionou uma migração desenfreada de brasileiros das mais diversas regiões, sobretudo do Nordeste, à procura de trabalho e melhoria da qualidade de vida. O resultado foi o inchaço das grandes metrópoles, o surgimento de uma infinidade de favelas, uma vez que as cidades não dispunham de habitação e infraestrutura suficientes para acomodar tanta gente, e o descontrole urbano causado pelo crescimento desordenado das cidades.

Grosso modo, o crescimento da população, sobretudo de São Paulo e Rio de Janeiro, poderia ser convertido em mão de obra farta para abastecer a indústria. A questão esbarrou na demanda educacional, pois os governantes não dispunham de tempo nem recursos para acudir tanta gente e isso se refletiu na desvalorização do trabalhador brasileiro e, consequentemente, no crescimento da criminalidade e na insegurança social.

O falso crescimento da economia brasileira proposto pelo Milagre Econômico nada mais foi para conter o descontentamento dos ativistas que refutavam o modelo de governança imposto pelos militares e queriam um Brasil de comando civil e mais civilizado. Iniciou-se um processo de transição, em que os militares devolveriam o país ao seu povo, depois de ter cumprido o seu papel, que era afastar de uma vez por todas o fantasma do comunismo, que os assombrava no início da década de 1960.

Os caciques da política brasileira voltaram do exílio para recolocar o Brasil nos trilhos, mas esbarravam em uma série de obstáculos. Entre eles, talvez o principal, era a Constituição, a qual já se encontrava toda esfarrapada e inadequada à realidade brasileira. Em 1988, apresentaram ao Brasil uma nova Carta Magna, denominada por Ulisses Guimarães de Constituição cidadã. Elaborada de forma precipitada, pois o cidadão brasileiro precisava assimilar o momento para escolher os operadores do direito cidadão do Estado democrático, já passados 36 anos, a Carta Magna brasileira já não atende aos anseios da sua população, porque está fora da realidade. Está abarrotada de emendas, as chamadas PECs, prestando um papel, quase que exclusivo, de encobrir falcatruas para garantir privilégios da classe política. Como destaca o ex-deputado federal Aldo Rebelo, "Uma Constituição feita fora de época".

Um Estado em picadinhos

O Censo 2023 revelou que apenas 5% das cidades brasileiras, ou seja, 319, concentra mais da metade da população do país, atingindo um total de 115 milhões pessoas. Menos da metade da população, cerca de 43%, fica distribuída entre 5.250 cidades. Desse total, a metade das cidades brasileiras abriga apenas 6% da população brasileira (12 milhões), enquanto 1252 municípios, ou seja, 22%, têm menos de 5 mil moradores, atingindo uma média de cerca de 2,5 mil por cidade e um total de pouco mais de 14 mil habitantes, que gira em torno de 0,5 pontos percentuais da população brasileira.

Cada município brasileiro carrega o status de microestado. É gerido por um corpo administrativo, semelhante ao de uma república, mas com apenas dois poderes distintos e móveis (Executivo e Legislativo), com prazo de vencimento de quatro anos, salvo exceções por questões de improbidade administrativa, que podem ser interrompidos pela Justiça. O Poder Executivo é comandado pelo prefeito e o Legislativo pela Câmara de Vereadores.

Até 1940, o Brasil tinha apenas 1580 municípios. A mania se alastrou depois do fim da política do café com leite, quando o estado de Minas Gerais deixou de indicar o presidente da República, proporcionando aos estados vizinhos a demarcação dos seus territórios, instalando postos fiscais nas divisas. Tais postos fiscais viriam a ser emancipados, ou seja, transformados em municípios autônomos, depois da eleição de JK como presidente do Brasil. O medo da expansão do estado mineiro, que estava habituado a avançar sobre as terras dos vizinhos, levou os estados do Sudeste e a Bahia a transformar pequenos povoados em cidades, mas sem a menor estrutura. A onda contaminou outros estados, atingido o Sul (Paraná, Santa Catarina e Rio Grande do Sul) e o Nordeste, principalmente a faixa litorânea, a mais povoada, fazendo com o que Brasil criasse cerca de 2.500 novos municípios. O número, que girava em torno de 1.580, saltou para 4.132. A Constituição de 1988 abriu margem para a criação de novos municípios e a política brasileira criou mais 1.438 novas cidades nos últimos 35 anos.

A PEC nº 45, chamada de PEC da Reforma Fiscal, prevê a extinção de cerca de 1.250 municípios onde a população não passa de 5 mil, ou seja 0,5% da população brasileira. Em termos de representatividade é praticamente insignificante, haja vista o percentual de pessoas atingidas. A alegação de que a autonomia política traria benefícios não se sustenta porque o alto custo que o contribuinte local paga não lhe é retornado em benefício, porque a arrecadação é destinada ao sustento da classe política local.

A principal fonte de receita de uma cidade dessas são as cotas de repasse do Fundo de Participação dos Municípios (FPM), pelo governo federal, em três parcelas. Diante do exposto, os investimentos no setor produtivo devem ser nulos diante da quantidade de habitantes, pois à primeira vista trata-se de uma cidade inóspita e sem oportunidades. A população jovem deve cair fora antes do tempo em busca de oportunidade em outras bandas.

A reforma tributária dificilmente irá funcionar na sua plenitude se não vier acompanhada da reforma política e administrativa. A maioria dos municípios brasileiros com menos de 50 mil habitantes funcionam como "currais eleitorais" do governador do estado e de sua bancada de deputados. Em todo o Brasil esse número ultrapassa a casa dos 5 mil municípios que sobrevivem com repasses do FPM e de emendas parlamentares do Orçamento da União. A proposta de extinção de municípios sem viabilidade econômica vai enfrentar resistência do Congresso, que depende desses focos de eleitores para se manter no poder. As emendas destinadas a esses municípios não passam de compra antecipada de votos.

O solo brasileiro é rico em fertilidade e recursos minerais. O extrativismo mineral sempre foi uma das matrizes de geração de ocupação e renda para as populações municipais. Acontece que o município não tem poderes sobre os recursos do subsolo, o qual pertence à União, então o prefeito, pela sua indolência, não sabe como viabilizar o sistema produtivo e de exploração do minério local.

No sudoeste da Bahia está a cidade de Potiraguá, assentada sobre jazidas de uma infinidade de minérios raros, entre eles o granito Azul Bahia, o único lugar do mundo onde é encontrado. Ainda que seja de

O Município Cachimbo e o Prefeito Linguiça

domínio federal, o beneficiamento do minério pode se dar no âmbito municipal. É um meio natural e legítimo de a população local usufruir dos benefícios de um bem natural do seu território. Contudo, apesar da extração em larga escala, os moradores locais não participam ativamente da atividade mineral e saem da cidade em busca de oportunidade longe de lá. Sua população nunca passa dos 6 mil habitantes. Mesmo assentada sobre um mundo de riquezas, Potiraguá corre sério risco de perder a autonomia política e ser incorporada a Vitória da Conquista, que comporta cerca de 400 mil habitantes.

Curral eleitoral

O problema da cidade pequena é que ela funciona como bairro da metrópole mais próxima e o prefeito insolente não toma providências para desenvolver sua cidade ao nível da outra. A começar pela atividade comercial. É comum o prefeito estabelecer linhas de crédito no comércio da cidade vizinha em detrimento da própria praça. Isso ocorre por colaboração nas despesas de financiamento de campanhas eleitorais, entre outros fatores. A cidade pequena funciona como refúgio de políticos ficha suja da metrópole para se elegerem prefeitos ou vereadores da cidade menor. Acontecem até rodízios, quando o elemento se elege prefeito em vários municípios no entorno da sua cidade, como aconteceu com Antônio Carlos Mendonça[10], o Toninho da Pamonha, que foi prefeito de Arujá e em seguida se elegeu prefeito de Itaquaquecetuba. Aproveitou o sucesso pessoal para se eleger deputado estadual, visando conquistar a prefeitura de Guarulhos, no pleito seguinte, mas parou por aí, porque percebeu que não conseguiria transpor o obstáculo imposto por Paschoal Thomeu, o coronel de Guarulhos na época.

Nas grandes metrópoles isso é visto como um absurdo e até um abuso com a inteligência do eleitor, mas nos mais distantes rincões do

---

[10] Antônio Carlos Mendonça (Toninho da Pamonha), 84 anos, empresário de fast-food, pecuarista e político. Depois de viver a experiência de parlamentar como deputado estadual por São Paulo, foi novamente eleito prefeito de Itaquaquecetuba e decidiu encerrar a carreira política em 2000, ainda no auge da sua popularidade.

Brasil isso é corriqueiro. No Extremo Sul da Bahia é o pau que rola na ribanceira das disputas políticas. Eunápolis é uma cidade com 120 mil habitantes e não consegue projetar uma liderança local capaz de dar destino aos rumos da cidade. Durante cerca de 30 anos a cidade sobreviveu às ordens de Robério Oliveira, um político importado da minúscula cidade de Vereda, que abriga 7 mil habitantes. Em Eunápolis, Oliveira fez história como liderança eminente ao catapultar a família inteira a cargos públicos, tanto em Eunápolis quanto nas cidades vizinhas. A mulher ele enfiou na prefeitura de Porto Seguro, que com 170 mil habitantes é a maior cidade da Costa do Descobrimento do Brasil, mas que não consegue projetar uma liderança capaz de ditar os rumos da sua administração, por isso sobrevive aos desastres políticos de aventureiros, importados das cidades vizinhas. Além da mulher, Claudia Oliveira, na prefeitura de Porto Seguro, ele conseguiu emplacar o cunhado, Agnelo Santos, na prefeitura de Santa Cruz Cabrália, cidade com mais de 30 mil moradores.

Além da mulher e do cunhado, nas prefeituras vizinhas, Oliveira ainda conseguia controlar mais de dez prefeituras do Extremo Sul da Bahia. Por conta disso era recebido com tapetes vermelhos nos palácios de Salvador e Brasília. Ainda voando nas nuvens, Oliveira fora acusado de desvio de dinheiro público, num esquema bilionário envolvendo várias cidades da região. Como consequência foram ele, a mulher e o cunhado afastados das respectivas prefeituras, o que complicou a sua onda de ascensão política, quando tentou emplacar a filha como deputada estadual. Além de não eleger a filha, ele próprio não conseguiu se reeleger prefeito de Eunápolis e a mulher, Claudia, não conseguiu fazer o sucessor em Porto Seguro.

Cidade rica com povo pobre

O cerne do empobrecimento de um município está na distribuição da riqueza local. Pode acontecer de o município ser rico e ao mesmo tempo parte do seu povo viver em pobreza extrema, porque as pessoas mais abastadas se valem da sua condição de domínio, não necessariamente para ganhar mais, mas para manter a diferença e o distanciamento social. Por isso é comum um município gozar de uma certa hegemonia capitalista, mas conviver ao mesmo tempo com a miséria em paralelo. Contudo, há argumentos convincentes de que o modelo social não pode ser alterado, porque é assim que deve ser. Perdura o forte argumento de que "o pobre depende do rico para sobreviver". É nesse meio que entra a matemática da distribuição da riqueza local, onde se destinam partes iguais, apenas dentro do universo, mas não a posse de fato dos bens materiais.

A primeira orientação para esse tipo de universo é o atrofiamento da educação. O investimento em conhecimento promove a liberdade das classes menos favorecidas e complica o setor de mão de obra braçal, porque o sujeito instruído não vai mais querer enfrentar o trabalho pesado. Daí a justificativa, já citada anteriormente, de que quem detém o poder econômico controla o poder político, e um dos argumentos mais explorados é o de que construir escola não dá voto.

O entrevero que resultou na crise do cacau na Bahia foi a falta de mão de obra para o manuseio e cultivo, assim como nas pequenas fazendas de pecuária de gado bovino. A região cacaueira é tomada de terras com relevo acidentado, o que dificulta a mecanização, então precisa do trabalho braçal, assim como os pequenos criadores de gado leiteiro e de corte, que sempre dependem do vaqueiro para o manuseio e a ordenha manual. Esse tipo de mão de obra está cada vez mais escassa, o que está levando a atividade pecuária às grandes corporações e o cultivo do cacau a migrar para outras variedades, que não mais o antigo sistema agroflorestal de cabruca. Esses fenômenos têm levado grande parte das cidades do interior do Brasil ao encolhimento, porque a falta de visão dos administradores não gera perspectivas futuras à população emergente quando atinge a idade produtiva.

Durante as décadas de 1960 e 1970, a migração se dava no Nordeste e parte do Sudeste com destino a São Paulo e Rio de Janeiro. As sucessivas crises de ordem econômica e governamental, em face da transição do regime militar para a democracia, provocaram uma breve ruptura no êxodo interno do Brasil, mesmo porque não havia grandes atrativos, do tipo Milagre Econômico. A abertura econômica proposta pelos governos Collor e depois FHC levou o brasileiro a buscar saída em outras terras. Primeiro foi Portugal, depois a Península Ibérica e mais adiante a Europa inteira. Mesmo com a crise no Velho Mundo, o brasileiro não se faz de rogado e se manda para lá. Isso sem contar com a parcela que se perde pelas mãos dos coiotes para tentar a sorte nos Estados da América do Norte.

O mesmo fenômeno migratório que ocorre no Brasil de hoje já se deu no Estados Unidos, com a extinção de cidades fora das rotas estratégicas de desenvolvimento econômico. No Brasil, grande parte das suas cidades pertenciam às rotas de tropeadas. O transporte de carga por tropas de burros era a única alternativa por causa das faltas de estradas de rodagem. A chegada das rodovias e o transporte por automotor levaram os moradores das cidades fora de rota a migrarem para as novas cidades de beira de estrada. Nos Estados Unidos, muitas cidades foram abandonadas e transformadas em cidades fantasmas. Muitas delas se transformaram em pontos de atração turística e são muito visitadas. O Brasil ainda insiste manter esse tipo de povoação, que não passa de corrutelas, mas que mantém um corpo político-administrativo apenas para dar suporte à classe política dominante nas eleições vindouras.

Nos Estados Unidos, as pequenas cidades não têm a mesma autonomia política do Brasil. Lá existem os condados[11], que funcionam como a metrópole, cidade-polo, uma espécie de capital da região metropolitana. A autonomia política de uma pequena povoação mais atrapalha o Estado do que ajuda, porque não traduz a proximidade do Estado com o cidadão. O custo de manutenção de um aparelho estatal, por menor que seja, é alto, porque não se traduz em benefício à população local. Os recursos de manutenção da educação, salário do professor, qualidade da estrutura da escola, merenda escolar, infraestrutura urbana e investimento no setor produtivo como forma de melhorar a qualidade de vida da população local e evitar a migração para outras cidades seriam melhor aproveitados.

---

[11] Espécie de comarca ou complexo metropolitano que engloba um número expressivo de representatividade popular. Um condado pode representar uma ou mais cidades ou uma cidade, que a depender do tamanho pode ser dividida em condados.

A manutenção de uma prefeitura, com prefeito e vice-prefeito, grupo de secretários e Câmara de Vereadores, é um dinheiro desperdiçado, porque não contribui com o progresso da cidade. Ao contrário, é a principal culpada pelo atraso e emperramento do desenvolvimento.

No Brasil estamos acostumados à seguinte divisão geopolítica: estados, cidades e bairros. Nos Estados Unidos, há uma quarta divisão, que são os condados, que funcionam como centros administrativos. Acontece de um condado englobar várias cidades, mas acontece também de uma cidade abrigar mais de um condado, a depender do seu tamanho. Nova York, por exemplo, abriga cinco condados. Já a cidade de Orlando, que não é tão pequena, á administrada pelo condado de Orange County, que pertence ao estado da Flórida. As cidades seguem uma ordem padrão de governança. Há cidades que são governadas por prefeito, conselho ou outras por comissões, enquanto outras apenas por um Conselho Administrativo. Os conselheiros são eleitos como o Conselho Tutelar do Brasil, mas o número não pode passar de cinco elementos.

"Me engana que eu gosto"

O que passa pela cabeça do prefeito das cidades brasileiras é que ele fora eleito para receber os repasses dos governos federal e estadual, para fazer alegorias e enganar o contribuinte visando às próximas eleições, e o resto distribuir entre os vereadores como forma de garantir a governabilidade. Mas isso não é ideia original do prefeito. Ele segue apenas um roteiro traçado desde Brasília, passando pelas assembleias estaduais até chegar aos gabinetes municipais.

Entre as metas do prefeito, é comum figurar a limpeza das ruas como prioridade. Daí o rótulo do prefeito brasileiro de "gari engravatado". O prefeito pode não fazer nada, mas as ruas da cidade ele vai ter de limpar. E ninguém toma como surpresa o prefeito apresentar a limpeza das ruas como sua principal realização e ainda cobrar o retorno eleitoral pelo feito.

A limpeza pública de uma cidade, que envolve a varredura das ruas, roçagem e capina do mato em vias públicas, poda de árvores e limpeza de canais dos cursos d'água, assim como a manutenção das vias públicas, com operação tapa-buraco, construção e manutenção de escolas e unidades básicas de saúde, faz parte da peça orçamentária da Lei de Diretrizes Orçamentária (LDO), que é aprovada pela Câmara de Vereadores. A maioria dos prefeitos não consegue cumprir a lei orçamentária, tem as contas reprovadas pelo Tribunal de Contas dos Municípios, mas cobra dos munícipes pelo pouco que fez. E muita gente deixa-se enganar.

No Extremo Sul da Bahia, onde teve o domínio oligárquico de um grupo político, as cidades dominadas pelo alto comando passaram cerca de 20 anos sem a construção de novas escolas. Porto Seguro, por exemplo, uma cidade de 170 mil habitantes, passou de 2009 a 2023, ou seja, 14 anos, sem a construção de uma sala de aula. Na cidade é comum encontrar adultos na faixa dos 20 anos sem saber ler nem escrever o próprio nome. E ninguém se dá conta disso e ainda destacam os prefeitos do grupo como os melhores do Brasil.

Não foi por acaso que uma empresa de bebidas, distribuidora das marcas mais conhecidas do mundo, classificou a mão de obra de Porto Seguro como a pior do Brasil. São gastas fortunas em treinamentos e às vezes a empresa se vê obrigada a buscar trabalhadores em outras cidades para atender às suas demandas.

O trabalho é um direito social do homem contribuinte da arrecadação monetária do poder público. Entre as contrapartidas que deveria receber, uma seria a sua preparação para ingresso no mercado de trabalho. Essa é principal razão pela qual as pequenas cidades não recebem investimentos do setor produtivo, porque a falta da mão de obra qualificada inviabiliza qualquer atividade, seja ela qual for.

O estado de Minas Gerais, com 853 municípios, pode ter esse número reduzido em quase 25%, ou seja 211 podem ser extintos e incorporados a outras cidades porque a receita própria não chega a 10% da receita total. São cidades que vivem de repasses dos governos federal e estadual.

Está longe de ser exclusividade do estado de Minas Gerais o fenômeno das cidades inúteis que só servem para consumir dinheiro de impostos sem produzir nada e ainda são incluídas no pacote da soma do PIB brasileiro, como se de fato produzissem alguma coisa, além de despesas.

O cerne do desenvolvimento

As fases de crescimento da economia brasileira se dão de forma desordenada e até irracional. A classe política vive a eleger culpados pelos desastres, antes de se apresentar como pai da criança durante a boa fase. O já citado Milagre Econômico foi mal distribuído, o que causou um desequilíbrio na densidade demográfica do país, quando estados, sobretudo do Nordeste, foram despovoados por não ofertarem oportunidade de trabalho ao seu povo.

O reestabelecimento da democracia no Brasil não conseguiu apontar o caminho do crescimento devido à falta da definição da sua política de crescimento econômico. Um dos fatores ficou por conta da supervalorização da classe política, celebrada pela primeira Constituição pós-regime militar. Os altos salários e privilégios atribuídos aos políticos resultam em desconfiança por parte da iniciativa privada, além de onerar o custo administrativo de manutenção do Estado, incluído os seus membros e entes confederados.

No momento em que o país, de dimensões continentais, abria espaços para um novo mercado, novas fronteiras agrícolas e mecanização da agricultura, o setor industrial começou a encolher. Uns culpam a automação das linhas de produção, quando a indústria automatizada aniquila a manufatura, enquanto outros acusam a abertura descontrolada do mercado, o que inundou o mercado com produtos da China, inviabilizando a produção nacional, que opera a um custo mais alto, em função da pesada carga tributária imposta pelo governo brasileiro.

A pecha demoníaca atribuída à carga tributária brasileira não está no peso, como pensa a grande maioria, mas no formato. Há países com carga tributária muito superior à brasileira e, no entanto, o mercado interno nada se queixa. A questão está centrada na destinação dos recursos gerados pelos impostos pagos, não só pelo mercado, mas também pelo cidadão comum, que não tem como exigir a correta aplicação por parte dos governantes.

A reforma tributária aprovada recentemente promete resolver parte do problema, porque promete ser menos confusa e, assim, atrair investimentos privados ao mercado nacional. Entretanto, o problema não se resume ao confuso sistema tributário brasileiro. A questão se estende ao formato do modelo administrativo da estrutura pública.

A divisão geopolítica do Brasil tinha como objetivo aproximar o Estado do cidadão. A falta de imaginação fez dividir o Estado em três esferas com a alcunha de Pacto Federativo, com o estado federal, estados membros e municípios. A exemplo do estado federal, os estados membros e municípios seguem o mesmo formato administrativo, com Poder Executivo e parlamentos. A exceção se dá entre estados e municípios onde os parlamentos não contêm a Câmara Alta (Senado da República) na sua composição.

Dentro dessa divisão, o Brasil conta com cerca de 4.850 municípios com menos de 30 mil habitantes, atingindo um total de 90% das cidades do Brasil e uma população que corresponde a 24% do total da população brasileira.

Todos esses municípios sobrevivem de repasses dos governos federal e estaduais. Grosso modo, poder-se-ia considerar que tais rapasses representariam a presença assistencial do Estado na vida dessas pessoas. Acontece que cada cidade dessa, por menor que seja, é comandada por um corpo administrativo eleito pelo povo gozando dos mesmos direitos de uma República. Desta forma, o Estado não consegue acessar o cidadão de forma direta porque o poder político local funciona como obstáculo ou barra de isolamento entre o Estado e o contribuinte, pagador de impostos.

Cada município tem o comando de um prefeito, que é o presidente da república municipal, um vice-prefeito, um grupo de secretários municipais da confiança do prefeito e um Poder Legislativo, como se fossem deputados municipais. O dinheiro federal e estadual que sustenta toda essa estrutura falta para medicamentos do hospital municipal e da unidade de assistência à saúde da família, para a manutenção e construção de escolas, merenda escolar e até salário do professor, que nessas cidades recebem salário mínimo.

O resultado dessa confusão toda é a transformação de Câmaras Municipais de 80% das cidades do Brasil inteiro em escolas de corrupção. O exemplo já vem das esferas superiores, com a distribuição de emendas parlamentares nos orçamentos dos estados e da União, destinadas às prefeituras, que nem sempre chegam ao destino prometido. Isso nada mais é do que compra antecipada de votos, porque os pleitos eleitorais se alternam a cada dois anos. Os deputados, tanto estaduais quanto federais, usam e abusam da inocência e, também, da safadeza de prefeitos e vereadores, que fazem o papel de cabos eleitorais nas eleições gerais. Por isso precisam irrigar suas bases, uma vez que o vereador e o prefeito mantêm o contato direto com o eleitor. Isso reflete no aniquilamento das cidades, pois a população vai envelhecendo e as novas gerações saem à procura de oportunidade em outras terras, porque o dinheiro destinado ao bem-estar social da comunidade é canalizado no sustento do plantel político.

A maioria dessas cidades são controladas por oligarquias que não permitem mudanças na sua estrutura administrativa nem produtiva. O Brasil inteiro é rico em recursos naturais, minerais e terras férteis aptas à produtividade extrativista, agroindustrial e manufatureira. Qualquer pequeno município brasileiro dispõe de recursos e matéria capaz de abastecer o setor produtivo industrial, que não exige tecnologia sofisticada, como as indústrias cerâmica, lítica, madeireira e moveleira. O Brasil precisa sair da Idade Média e fazer a sua Revolução Industrial.

24

MUNDO SEM DONO

A divisão geopolítica brasileira delimitou municípios com bases territoriais superiores a muitos países pelo mundo afora. Como citado anteriormente, o município de Altamira, no estado do Pará, ocupa um território maior que Portugal. No entanto, a população de Altamira (126 mil habitantes) gira em torno de apenas 1% da população portuguesa, que se aproxima da casa dos 11 milhões de pessoas.

Como se pode observar, a autonomia política de determinado território municipal em quase nada beneficia a população nativa. O primeiro problema é gerado pela baixa densidade demográfica e má distribuição da população, que atraída pela oferta de terras tende a se espelhar, causando distanciamento social. Isso reflete na necessidade de construção de estradas vicinais para a acessibilidade e o escoamento da produção agrícola.

O Brasil, que é um país de economia predominantemente agrícola, não consegue se adaptar a essa realidade por conta da indefinição do papel de cada ente federado. Municípios, estados e União se perdem na distribuição das responsabilidades. Há municípios que se responsabilizam por malhas viárias infinitas, as quais deveriam ser assumidas pelos governos estaduais e até pelo governo federal.

O padecimento se generaliza porque os municípios foram demarcados como territórios e não cidades, simplesmente. Um município com baixa densidade demográfica não consegue dispor de mão de obra suficiente para cultivar o seu território, diante da falta de visão produtiva do prefeito, o que implica a baixa arrecadação tributária, comprometendo o seu IDH e, consequentemente, o desenvolvimento urbano.

Atribuir ao município a responsabilidade de território estatal é um erro da Constituição de 1988 que precisa ser corrigido. O território deve ser de responsabilidade do Estado, cabendo ao município apenas o que lhe compete, a parte urbanizada. Era assim na Idade Média, quando surgiram os burgos, resultantes do crescimento e da produção manufatureira, que precedia a Revolução Industrial, e a necessidade de as povoações se organizarem politicamente. Contudo, isso se dava no âmbito urbanizado. A área territorial não urbanizada era da alçada do império, principado, condado, ducado ou de quem fosse o domínio supremo.

O Extremo Sul da Bahia é tomado por faixa litorânea composta de belas praias e um lugar muito visitado por pessoas do Brasil e do mundo. Colonizado por mineiros e capixabas, a região tem um sistema produtivo tradicional do agronegócio – como cacau, farinha de mandioca, banana –, agroflorestal e laticínios – como queijos, entre outros derivados. Tem município com território superior a 5 mil km². A baixa densidade demográfica e a má distribuição da população comprometem a vida das pessoas, desvaloriza suas terras e encarece o custo de vida.

Guaratinga, por exemplo, com uma base territorial de cerca de 3 mil km², é cortada por uma malha viária de mais de 500 quilômetros lineares, incluindo uma rodovia quase federal, a BA 283, que liga o litoral sul da Bahia às cidades do nordeste de Minas Gerais – Vale do Jequitinhonha – e mais duas intermunicipais, com ligação às cidades vizinhas, como Jucuruçu, Itamaraju e Eunápolis. A região é famosa pela produção de queijos e requeijão mineiro, os produtores padecem na produção desse produto por conta da extensão territorial. Devido às estradas acabadas e até a falta delas, o transporte do leite se dá por tropas de burros. O município sofre total abandono do Estado e os prefeitos carregam a responsabilidade pela impossibilidade de manutenção de uma estrutura viária de nível estadual.

A receita bruta do município gira em torno de R$ 70 milhões por mês. Apesar de não ser baixa, tem sua maior parte engolida por rolagem de dívidas contraídas por prefeitos anteriores. Apesar de o território ser rico em recursos naturais e minerais, como granitos e mármores, madeira, rebanho bovino, bubalino, cacau e café, o município não dispõe de mecanismos de processamento desses produtos na base territorial. A classe política se dá por contente com o que recolhe de Imposto sobre Serviços (ISS), Imposto sobre a Transmissão de Bens Imóveis (ITBI) e

Imposto Predial e Territorial Urbano (IPTU), entre taxas administrativas e os repasses do Estado e da União. Aos 90 anos de fundação, apesar do espaço disponível e da oferta de terra, Guaratinga nunca passou de 30 mil habitantes. A população emergente nem sempre fica para somar ao crescimento populacional porque sai à procura de oportunidade de evolução e sobrevivência.

Para que serve um vereador?

A vida pública, via de regra, é uma atividade altruísta, em que o cidadão se predispõe a dar a sua contribuição ao universo social em que vive sem exigir recompensa financeira nem saliência social. Para justificar a sua legitimidade, deveria ser única e alternada e não subsequente, como é o modelo atual. Acontece que a lei que sustenta esse privilégio é elaborada pelos próprios beneficiários. Mesmo que a lei garanta esse direito político, não se pode negar que é a usurpação de um direito social, porque desequilibra a concorrência na disputa pelo direito aos cargos eletivos.

A constituição de um arremedo de estado para justificar a defesa dos direitos do contribuinte não passa de uma desculpa esfarrapada para praticar a corrupção corporativa. Isso acontece nos órgãos governamentais, principalmente nas prefeituras, Câmaras de Vereadores e entidades de classes, como sindicatos e associações. É uma sangria desatada que desaba em linha vertical e não tem como estancar.

Seguindo a linha das esferas superiores – Assembleias Legislativas e Câmara Federal –, os parlamentos municipais se constituem por elementos que estão à procura de emprego e não de representar suas comunidades, como manda o figurino.

A primeira ideia que vem à mente de um vereador é a prática de atos corruptos, porque na situação econômica em que vivem os municípios, a conquista de uma cadeira no parlamento municipal é como um bilhete premiado na loteria. A cidade morta economicamente, que sobrevive apenas de repasses dos governos, tem a prefeitura como o

O Município Cachimbo e o Prefeito Linguiça

principal empregador e a Câmara Municipal como um posto nobre de arrumação da vida de pessoas mal-intencionadas.

É impedido ao vereador propor leis que gerem despesas ao município. Cabe ao vereador fazer apenas indicação de serviços de infraestrutura municipal. Porém, uma indicação do vereador não tem força de lei. O prefeito executa se quiser, se for necessária ou se dispor de condições para tal. A situação complica-se quando o vereador se declara oposição ao prefeito. Perde todas as regalias de amigo do rei e até de bobo da corte. Corre o risco de ficar sem receber os salários e, ainda, de não poder atender às demandas da sua comunidade.

No regime democrático ao qual o Brasil tenta se enquadrar, pela via representativa, o prefeito não tem autonomia para gastar o dinheiro público. Só pode fazer isso com a autorização do povo. Então o povo autoriza o uso do dinheiro dos seus impostos por meio do seu representante legal, que é o vereador.

Para todos os efeitos, o vereador é o povo dentro do âmbito legislativo. Ao se eleger, pelo sufrágio popular, o vereador se apossa da autonomia de procurador legítimo dos direitos do cidadão, mantenedor do Estado democrático e de direitos. Entretanto, vereador nenhum tem o hábito de consultar o povo sobre o que o povo de fato quer que seja feito com o seu dinheiro.

Ao alegar que o povo não participa das atividades parlamentares e que não cobra do seu representante, eles decidem por eles mesmos se escondendo na desculpa de que quem tem o poder da execução das atividades é o prefeito, ou seja, o chefe do Poder Executivo. Sem a autorização do vereador, o prefeito não tem o poder de gerenciar o dinheiro público e muito menos remanejar de um destino para outro. Contudo, com a permissão do vereador, que em tese faz as vezes do povo, o prefeito tem o direito e o poder de fazer com o dinheiro o que bem entender. Dinheiro público só se desvia mediante a autorização do vereador. Está aí a principal utilidade do vereador.

Ainda que seja o representante direto do dono do dinheiro, é vedado ao vereador apresentar projetos legislativos que venham a gerar despesas ao Poder Executivo. Talvez por interpretações equivocadas, os artigos 61 e 63 da Constituição Federal impõem limites ao parlamento municipal, restando ao vereador apenas mudar nomes de ruas e indicar títulos de cidadãos municipais a personalidades eminentes.

O artigo 63 da Constituição diz: "Não será admitido aumento de despesas nos orçamentos fora da simetria das Diretrizes Orçamentárias do poder executivo. Isso segue em linha vertical, desde o presidente da República, passando pelos governos dos Estados até os municípios".

25

O ESTADO NECESSÁRIO

Muito se discute no Brasil sobre a formação e o modelo de Estado adotado para garantir os direitos do cidadão contribuinte e pagador de impostos. Via de regra, trata-se de um Estado democrático de direitos, porém os direitos são a grande questão.

Durante o período de FHC, comentava-se muito as propostas de Tony Blair, com a abertura das fronteiras brasileiras ao resto do mundo, como forma de promover o desenvolvimento econômico, dando musculatura ao país para atender às demandas sociais, como saúde, segurança e, sobretudo, educação. Contudo, a associação de FHC à frente liberal brasileira não conseguiu avanço. Nem mesmo a criação do Fundo Nacional para o Desenvolvimento do Ensino Fundamental (Fundef), porque essa ideia não conseguiu seduzir os seus aliados, já contaminados pela cultura eleitoreira e arcaica, baseada nos princípios de que "escola não dá votos". Escândalos e mais escândalos se sucederam com desvios de recursos do Fundef para outras finalidades opostas à educação.

O Fundef foi transformado em Fundo Nacional para o Desenvolvimento do Ensino Básico (Fundeb), com a mesma finalidade, mas carregado da sombra do fantasma socialista do sucessor de FHC, Lula. Nem isso serviu para assustar prefeitos e vereadores Brasil afora, que continuaram aprovando autorização de remanejamento de verbas de forma indiscriminada, descarregando dinheiro do Fundeb para a pavimentação de logradouros e equipamentos de menor importância social, mas que servem como subterfúgio eleitoral, isso sem contar com o que desviado para o próprio bolso.

Essa é apenas uma observação para justificar que, em certos casos, o município nem sempre está a serviço do Estado de direitos, nem do cidadão. Dentro do mapa geopolítico brasileiro, são quase 5 mil municípios que só geram despesas ao erário público. A infinita maioria das cidades funcionam apenas como meros empregadores, porque suas prefeituras e as Câmaras de Vereadores são os principais, ou talvez os únicos, empregadores das cidades.

O esperneio por uma reforma tributária dura desde a promulgação da Constituição de 1988, mas ninguém conseguiu tal façanha porque na hora definir o modelo de cobrança, os ânimos se acirram porque ninguém quer ceder. A classe empregadora reclama da excessiva carga de impostos, enquanto a classe política, cada vez mais ávida por dinheiro, prevê a falta de recursos para a manutenção das suas bases.

Uma reforma tributária não basta se não houver as reformas políticas e administrativa. Não faz sentido manter um município com dinheiro público enquanto faltam recursos para a educação, saúde, segurança pública, o setor produtivo, como a agricultura familiar, e o setor produtivo da indústria de base, como manufatura e artesanato.

Reforma política

Dificilmente uma reforma política passará no Congresso se não houver uma nova Constituição. O modelo proposto por Charles Montesquieu[12], com o *establishment* dos Três Poderes, serve apenas para o Estado totalitário e caiu bem apenas para o Estado francês. Nos Estados Unidos, o qual, de forma desastrada, o Brasil tenta copiar, não segue à risca o modelo implantado na França. Inclusive, nem todos os países vizinhos, na Europa, seguem o mesmo protocolo francês.

O modelo vertical, adotado no Brasil, gera mais problemas que soluções. O cerne da questão parte de Brasília e desce em cascata até a ponta da linha da representatividade pública brasileira. Tudo é copiado, principalmente o que é nocivo ao contribuinte brasileiro, o qual perde

---

[12] O Estado democrático constituído por Três Poderes distintos, Executivo, Legislativo e Judiciário. O Executivo instalado em um gabinete, o Legislativo em duas Câmaras representativas – Câmara Alta (Senado) representando o estado, Câmara Baixa (deputados federais) representando o povo dos estados – e o Judiciário como órgão fiscalizador da Constituição e mantenedor das instituições democráticas.

até o nome pelo meio do caminho; para o Estado é apenas contribuinte, para o mercado é consumidor e para o político, mero eleitor.

O emaranhado de municípios, nas regiões metropolitanas, serve apenas de foco de corrupção e cabide de empregos aos parasitas do poder público. É imensurável a quantidade de políticos que migram de uma cidade a outra na disputa de eleições. Como já foi citado anteriormente, há elementos políticos que migram de uma cidade para outra para controlar as prefeituras. Não bastasse ele próprio, cada vez que muda de cidade carrega a sua corja de parasitas, tirando o emprego dos moradores da própria cidade. É a maior prova de corrupção eleitoral, porque o forasteiro adota métodos nada convencionais para adentrar o município vizinho. Com isso, rolam compra de votos, pseudolideranças e aluguel de políticos com cargos eletivos.

A proposta aqui seria a fusão de municípios menos influentes a outros de maior importância, com a extinção das Câmaras de Vereadores e criando centros administrativos comandados por técnicos especializados em gestão pública, com fiscalização e gerência dos governos dos estados, a exemplo dos condados dos Estados Unidos da América.

Um exemplo são as cidades-satélites de Brasília. Ceilândia, por exemplo, abriga quase 400 mil habitantes e não tem prefeitura. As cidades da Baixada Santista, como Praia Grande, Mongaguá e Itanhaém, poderiam ser incorporadas ao município de Santos. A economia que isso iria gerar colocaria Santos em patamar superior a muitas capitais brasileiras. Outro exemplo são os municípios de Carapicuíba, Jandira e Itapevi, que ficam encurralados entre Osasco, Barueri e Cotia, cidades de maior influência econômica, que poderiam ser incorporadas em uma única metrópole, simplificando o sistema administrativo e reduzindo o custo político. Isso precisa estabelecer critérios de ordem econômica e de produção material. Uma cidade que serve apenas para abrigar um corpo político-administrativo não se justifica.

Reeleição

A escandalosa aprovação da reeleição do chefe do Poder Executivo no Brasil rende comentários até os dias atuais. Ao copiar os Estados Unidos na eleição de presidente, o Brasil criou um problema sem precedentes. Ao contrário da eleição norte-americana, que ocorre de forma transparente, com a participação efetiva do cidadão, no Brasil se dá um tanto quanto obscura e com o desequilíbrio escancarado do uso da máquina pública. Sem uma reforma política-administrativa, o Brasil dificilmente irá se consertar. Um dos pilares do emperramento do país está justamente no vício político de reedição de mandatos, em que as oligarquias são formadas por famílias tradicionais, com raízes fincadas nos meandros do poder, as quais projetam falsas lideranças, verdadeiros bonecos de fantoches que seguem uma doutrina de domínio sobre os menos favorecidos. As ideias e práticas nunca se renovam, porque quem, por sorte, entra no meio acaba se contaminando, haja vista o que aconteceu com a renovação do Congresso na primeira eleição de Lula, que resultou no maldito Mensalão, depois Petrolão, Orçamento Secreto e não se sabe onde vai dar.

Ainda que reflita a pecha do radicalismo petista, o habilidoso presidente Lula consegue agregar em seu entorno figuras das mais adversas correntes de pensamento, não se sabe a que custo, mas o certo é que o Brasil consegue sobreviver a qualquer contratempo. Não é o suficiente para um país com as condições de que o território brasileiro dispõe, haja vista o período bolsonarista, em que o chefe do Estado tentava impor sua vontade contra o curso natural da história, fazendo a metade de um Brasil inteiro acreditar que estava editando algo de novo na política brasileira.

No período FHC, o sistema político fluía por conta do favorecimento da ala conservadora, que se apegava às abas do que restou do extinto regime militar, quando remanescentes da velha política ainda se sentiam em casa. O mesmo não aconteceu com Lula, que teve de se estrebuchar entre velhas raposas para fazer valer os seus projetos. Para uns era populista, enquanto para outros, popular, uma vez que se tratava de uma figura do povo, em razão das suas origens. Para sobreviver, Lula adotou o sistema de governo de coalisão, que contava com a colaboração de lideranças eleitas por partidos opostos.

A receita de Lula não foi seguida à risca pelo "desastre" Dilma, que, pela falta de habilidade, foi engolida pelo Congresso, dando origem ao parlamentarismo de aluguel. Implantado pelo sucessor de Dilma,

Temer, o recém-batizado semipresidencialismo teve sequência com o seu sucessor, Bolsonaro.

A tese de golpe sobre Dilma, defendida pelo PT, por conseguinte é rechaçada pelo ex-presidente Temer, que, na condição de exímio constitucionalista, não tem como negar o respaldo constitucional na derrocada da ex-presidente. Ainda que na Carta Magna brasileira não esteja prevista a compra de votos nem o suborno de parlamentares, a queda de Dilma se deu dentro do processo legal, obedecendo a toda a tramitação e ao amplo direito de defesa.

Se teve amparo ou não na Constituição, isso é assunto para especialistas e operadores do Direito, restando ao cidadão comum entender que o processo fora apenas um evento do jogo democrático. Contudo, não é preciso ser especialista em Constituição para perceber que houve, sim, jogo de interesses e muita malandragem, pois era nítido o desconforto de congressistas na hora de justificar o voto rumo à condenação de uma presidente conferida pelo sufrágio popular. Em vez de justificativas, disparavam oferecimentos a familiares e até quem já estava morto.

O vilipêndio a Dilma, embora seja difícil de entender, é delineado com destreza pelo escritor, jornalista e ex-deputado federal Fernando Gabeira, no seu livro *Democracia tropical: caderno de um aprendiz*. O relato de Gabeira leva a entender que acima da linha dos trópicos o modo de se fazer democracia é próprio de lá e não segue uma receita do resto do mundo.

Embora o processo de reeleição seja benéfico à democracia norte-americana, no Brasil não se pode dizer o mesmo, porque a representatividade eleitoral é um direito do exercício à cidadania e quem já está em exercício dispõe de maiores condições de ser reconduzido porque tem a estrutura do poder a seu favor. Em se tratando de Brasil e do jeitinho brasileiro, o princípio democrático é brutalmente violentado.

Coronelismo digital

A imensa maioria das cidades do interior do Brasil não passa de cercania de tradicionais proprietários de terras que relutam em não alterar o cenário. Ali eles controlam o poder político, comercial, econômico e geográfico. O acesso à terra é tão controlado quanto a mídia digital. Quem pode tem uma casa na capital, para onde manda os filhos estudar. A educação local também é controlada a não se expandir para garantir a produção de mão de obra grosseira. O resultado é o encolhimento das cidades em face do envelhecimento da população fixa, enquanto a móvel se desloca para outros centros à procura de oportunidades. O exemplo mais recente foi uma pesquisa no estado de Pernambuco, onde já passava de um ano sem nascerem crianças em 35% das pequenas cidades. Isso nada mais é do que um breve retrato da cultura colonialista que teima em permanecer intacta, o que dificulta a descentralização do desenvolvimento industrial e econômico do interior do Brasil. Isso ficou mais nítido nas eleições de 2022, em que cidades do interior chegaram a descarregar mais de 90% dos votos em Bolsonaro, por conta do medo de Lula promover alguma ruptura na estrutura e tradição da cidade do interior.

A era Vargas pôs fim ao coronelismo declarado, mas não conseguiu extinguir a prática coronelística que perdura até aos dias atuais. Embora esteja modernizado, o coronelismo segue ditando as regras do jogo político no Brasil inteiro. Exemplos clássicos, como as famílias Sarney, no Maranhão, Alves, no Rio Grande do Norte, e, por muitos anos, os Magalhães, na Bahia, e Barbalho, no Pará, que são de projeção nacional, dão conta de como continua ocorrendo nas pequenas regiões metropolitanas espalhadas pelo Brasil. A família Bolsonaro inovou ao optar pela distribuição de esfera e geográfica, elegendo um na federal, um na estadual e outro na municipal e, na falta de espaço, mandou um para outro estado, a fim de garantir vagas para todos da família. O advento das mídias digitais deu um novo impulso na evolução do coronelismo: a desinformação, também chamada de fake news, que é o mais poderoso ingrediente na receita de dominação das massas.

O combate à desinformação não tem sido nada fácil e pouco tem interessado à classe política. Sabendo que brasileiro não tem o hábito da leitura, a Lei 12.527, que versa sobre a transparência da atividade pública, é completamente desconhecida pelo brasileiro, que prefere consumir desinformação e ainda se dá por satisfeito.

A LRF (Lei complementar 101) é outra aberração. Criada para controlar os gastos públicos, impedindo chefes do Poder Executivo de contraírem despesas e repassarem aos sucessores, foi transformada em fonte de renda extra aos vereadores do município. Prefeitos do Brasil inteiro, sem exceção, atropelam a LRF, talvez por incompetência ou por má-fé, e tem as contas rejeitadas pelos Tribunais de Contas dos Municípios. Porém, os tribunais não têm o poder de reprová-las, deixando a incumbência às Câmaras de Vereadores. Por meio de breves negociações, os vereadores ganham um extra para derramarem detergente na ficha do prefeito, e a LRF perde toda a sua finalidade.

Isso se repete por quatro vezes durante o mandato de um vereador, sendo essa a sua principal função, depois da aprovação de remanejamento de verbas da educação para obras eleitoreiras do prefeito. Antes de 2016, o vereador não poderia aprovar leis, de natureza legislativa, que pudessem gerar custos aos cofres públicos do município, inclusive é vigorosamente defendida entre a maioria dos procuradores municipais a tese de que o vereador não poderia legislar gerando despesas ao Executivo municipal. Contudo, essa premissa foi suprimida pelo STF ao analisar o Recurso Extraordinário nº 878911/RJ, que deu origem ao tema 917.

Da decisão do STF extrai-se que o vereador tem plenos poderes para legislar gerando despesas para a administração municipal desde que não trate da criação de cargos, funções ou empregos públicos da administração direta e autárquica ou aumento dos seus salários.

Considerando o precedente do STF, todos os parlamentares são convocados a apresentarem leis que possam contribuir efetivamente com o bem-estar dos munícipes. A resolução do STF visa consolidar o Poder Legislativo municipal como poder atuante e eficiente, e assim desfazer a descrença da sociedade em um poder tão caro à democracia.

Ainda que tudo conspire a seu favor, o parlamentar municipal desconhece a sua importância, porque a maioria é analfabeta. O cidadão comum, bem-quisto na comunidade, conta com o favor dos amigos e se elege vereador. Na condição de empregado do povo, passa a ver os seus concidadãos de cima para baixo, como se fosse um ser superior. Em um município em que falta oportunidade de colocação no mercado de trabalho, por meio do sistema produtivo, o serviço público salta aos olhos de todos, tendo o Poder Legislativo como a menina dos olhos dos calouros políticos, que se valem de qualquer artifício para chegar a conseguir o emprego, ainda que dure apenas quatro anos.

Fortunas são torradas durante campanhas eleitorais para eleger vereadores pelo Brasil afora. Alguns por vaidade, por gozarem de certa independência financeira, enquanto outros por necessidade de sobrevivência, então apostam o que têm e até o que não têm. A tese de que eleição no Brasil só ganha quem tem dinheiro foi transformada em mantra ou até mesmo em princípio cultural. A era digital promete alterar o curso do sistema, mas ainda é cedo para fazer qualquer prognóstico. Está vindo aí um novo modelo de coronelismo.

26

QUAL É A SUA, MEU REI?

A República de Platão, depois aperfeiçoada por Montesquieu, foi adotada para substituir o velho modelo de monarquia para garantir os mesmos direitos a todo o povo que compõe o Estado. Na falta de um modelo próprio, ou talvez pela inveja do príncipe, o princípio republicano não ficou nada diferente do sistema monárquico. A diferença é que o poder fixo fora extinto, dando lugar a um poder móvel com renovação periódica, dando o direito a qualquer cidadão de pleitear o posto de chefe do Estado geral.

Desde os tempos bíblicos a função de um rei é ampliar seus territórios por meio das lutas de guerra entre as nações. Essa regra foi interrompida depois de tratados internacionais intermediados pela ONU, prevalecendo a soberania e autodeterminação dos povos na política internacional. Entretanto, essa regra não está sendo respeitada por governos autocratas, como do presidente da Rússia, Vladimir Putin, entre outros tiranos do continente africano.

Acontece que nos países onde a República tomou o lugar da Monarquia a diferença é bem mais visível que a do Brasil, haja vista como funciona em Portugal e nos países de colonização lusitana. No Brasil, basta o elemento se eleger prefeito que já se sente um autêntico monarca, ou o dono do município.

A maior referência republicana, que o Brasil tenta copiar, principalmente pelo sistema federativo, é uma cópia legítima da Monarquia britânica, como relata Hindemburgo Pereira Diniz em *A monarquia presidencial* (Editora Nova Fronteira). Objetivando a alternância do poder e a democratização das oportunidades, a República dos Estados Unidos da América sempre foi tomada como espelho para as democracias espalhadas pelo mundo, até a eleição de Donald Trump, que ensaiou um golpe de Estado dentro do território, berço do regime democrático.

A política brasileira, embora pareça simplificada, pelo sistema federativo, com divisões entre o Estado total, estados membros e municípios, dadas as devidas proporções, acaba ficando um tanto quanto confusa, por conta das autonomias territoriais, que, de fato, não chegam a ser assim tão autônomas quanto deveria ser. As prefeituras não passam de fardos pesados aos estados e ao governo federal. As repúblicas municipais, com governos e parlamentos, não passam de uma brincadeira de mau gosto de se fazer política. Na falta de uma receita própria, passamos a copiar os modelos norte-americano e português, mas acaba não sendo nem coisa nem outra.

As Câmaras Municipais, que foram copiadas de Portugal, ainda não têm o seu modelo acabado porque não têm a mesma autonomia que as Câmaras Municipais da República portuguesa. Aliás, as Câmaras Municipais da pátria-mãe do Brasil gozam de uma autonomia que se assemelham à administração de uma República de fato, uma vez que o Poder Legislativo exerce também a função executiva. O presidente da Câmara Municipal de lá é também o chefe do Executivo, porque o sistema parlamentarista desfaz a necessidade de um presidente.

Já que o povo brasileiro preferiu o presidencialismo como forma de governo, por meio de plebiscito, o parlamento municipal não se faz tão necessário quanto se imagina. Na maioria das repúblicas mundo afora, onde o presidencialismo impera, no lugar do parlamento municipal existem os conselhos municipais e sem um custo mensal aos cofres do município. Uma República presidencialista, com presidente e um Parlamento congressual já se faz o bastante.

27

RESUMO DE TUDO

O que tentamos desenrolar até aqui foi para mostrar que o enguiço do desenvolvimento do Brasil está onde deveria ser o ponto de partida. O município está na ponta da linha da representatividade pública e da cadeia produtiva. Ao contrário dos estados membros e da Federação, o município representa o Estado físico na sua essência, uma vez que o contato é direto entre poder público, exercício da cidadania, sistema produtivo e geração de renda capitalizada pelo mercado consumidor.

A situação se complica pela confusão que é gerada entre o público e o privado, quando ensaiam se separar, mas acabam se misturando ainda mais por conta da tentação e da facilidade proposta pela legislação. Via de regra, o sistema produtivo e de serviços deva estar sob controle da iniciativa privada, segundo a ordem propalada pela visão neoliberal, a qual a miopia da política brasileira não consegue ver com a devida nitidez.

A cachoeira de dinheiro público que jorra nos cofres municipais, oriundos de repasses federais e estaduais, como FPM, ICMS e emendas parlamentares, tem sua maior parte voltada à politicagem e ao enriquecimento dos seus governantes, porque a sedução do dinheiro fácil impede os governantes de aprenderem a governar. Só aprendem depois de deixar os respectivos governos.

No bojo da filosofia neoliberal, a máxima é de que "dinheiro atrai dinheiro". Isso acontece nos Estados Unidos, onde os prefeitos das cidades investem no mercado de capitais para engordar o orçamento público da cidade. No rolo da compra da refinaria de Pasadena, pela Petrobrás, a petrolífera brasileira teve de indenizar o prefeito do condado de Galveston, que havia comprometido as finanças da cidade na compra de ações, objetivando engordar o orçamento público. O investimento se deu na onda da descoberta do pré-sal, quando as ações da Petrobrás estavam em franca valorização. O prestígio da Petrobrás entrou em declínio com o advento da Operação Lava Jato e o prefeito investidor sentiu derreter o seu investimento. O prejuízo não foi total porque conseguiu entrar no acordo entre Petrobrás e a Justiça Americana, e a petrolífera brasileira desembolsou U$ 853 milhões de dólares. A Justiça dos Estados Unidos não informou quanto a prefeitura de Galveston embolsou nem se recebeu alguma parte do montante pago pela Petrobrás.

No Brasil, o prefeito só pensa em obras e construções inúteis. O jargão de que a cidade fora transformada em um canteiro de obras é o principal slogan de campanha de reeleições. Talvez possa até ser que todo o dinheiro destinado à cidade não tenha sido todo investido. Entretanto, quando não há onde gastar ou, na melhor hipótese, investir, o destino é outro bem diferente do engordar as finanças públicas do município: o próprio bolso ou *offshores*, em paraísos fiscais.

Corrupção institucionalizada

Quando o prefeito desvia dinheiro público e tem as contas reprovadas pelo Tribunal de Contas, de acordo com as leis 3.420/1964 e 101/2000 (Lei de Responsabilidade Fiscal), poderia ter o mandato suspenso pela Justiça e até pela Câmara de Vereadores. A Justiça não o faz porque o veredito é dado pelos vereadores. Como já citamos anteriormente, isso é uma fonte de renda extra para a as Câmaras de Vereadores. A Lei não tem o menor valor diante do Legislativo municipal.

O princípio de que é necessário a manutenção de um Estado republicano municipal, alegando-se que está garantindo a presença do Estado de direitos junto ao cidadão pagador de impostos, é uma ideia um tanto quanto equivocada. Um município com um corpo administrativo, com os poderes Executivo e Legislativo, Procuradoria e secretariado, dependendo da sua estrutura, tem cerceado os direitos fundamentais dos seus habitantes. Não temos o número exato, mas, com segurança, passam de 4 mil as cidades em que falta recursos para a educação e assistência saúde, por conta do sustento da classe política.

O Município Cachimbo e o Prefeito Linguiça

É sabido que o município é o ponto de emperramento do país, mas pode ser a mola propulsora do desenvolvimento. Para isso, o município precisa inverter o seu papel. Ao invés de ser um consumidor de dinheiro público, o município precisa se transformar em um agente produtivo. Em vez de um arremedo de Estado republicano, em miniatura, passar a ser um vetor de força da produção industrial e agrícola, tanto para o consumo interno quanto para exportação e, assim, equilibra a balança comercial até conseguir superávit.

Daí a questão sobre o excesso de atividades do administrador municipal, uma vez que seria destinado a cuidar de pessoas. Cuidar de pessoas é, antes de tudo, a melhoria da qualidade de vida. E nada melhor para melhorar a vida das pessoas do que providenciar um meio de produtividade e renda.

Sabemos que o território municipal tem suas carências, tanto humanas quanto estruturais. Por outro lado, os munícipes têm suas vaidades. O dirigente público é eleito para produzir satisfações. Agora, como produzir satisfações sanando as carências do município ou satisfazendo as vaidades do povo? O que são carências do município e vaidade popular? A principal carência do território municipal, seja ele qual for, é emprego e renda.

O brasileiro é criativo e inteligente, capaz de desenvolver instrumentos diversos que possam auxiliar a humanidade em todas as suas necessidades. Muitos talentos se perdem no tempo e no espaço por falta de oportunidades, porque o dirigente municipal não atenta para os talentos que surgem na sua cidade. Alguns exemplos de invenções surgidas no Brasil são:

- transmissões de voz humana por ondas eletromagnéticas – rádio (criado por Padre Roberto Lendel de Moura);
- câmbio de transmissões automática de velocidade de veículos de propulsão automotora (criado por José Brás Araripe, em 1932);
- reprodutor de música portátil por fita cassete – walkman (criado por Andréas Pável, em 1972);
- soro antiofídico (criado por Vital Brazil, em 1917);

- identificador de chamadas telefônicas (criado por Nélio José Nicalai, em 1980);

- balão de ar quente (criado por Bartolomeu de Gusmão, em 1707);

- máquina de escrever (criada por Francisco João de Azevedo, em 1880);

- abreugrafia, imagem de raio-x dos pulmões (criada por Manuel Dias de Abreu);

- urnas eletrônicas (criadas pelo então juiz Carlos Prudêncio para garantir maior segurança e agilidade nas apurações nas eleições, em 1980).

O que mais sobrecarrega a vida do município brasileiro é a infraestrutura funcional do seu território. Na Bahia, por exemplo, a cidade de Guaratinga, na Costa do Descobrimento, ocupa uma área semelhante à de Luxemburgo, o país de maior PIB da Europa. O PIB de Luxemburgo ultrapassa a casa do U$ 85 bilhões, enquanto Guaratinga não consegue passar de U$ 17 mil com o seu produto interno, ou seja, 0,02%. E olha que Guaratinga tem muito mais recursos naturais do que Luxemburgo. Comparando os dois dá para ver que Luxemburgo tem totais condições de manter a sua infraestrutura enquanto Guaratinga sacrifica a vida do seu povo sem as condições de manter estradas e pontes para garantir a mobilidade e acessibilidade do seu povo.

Por isso a proposta aqui é que o município deixe a postura de Estado republicano para assumir uma postura autárquica e que passe a responder apenas pelo perímetro urbanizado. A parte territorial fica para responsabilidade do Estado. No Brasil, o município precisa produzir o próprio sustento para justificar a sua razão de existir. O município parasita, que vive apenas de repasses do Estado e da União, funciona como uma barreira entre o Estado e o cidadão comum. Os governos estaduais não conseguem acessar as camadas inferiores como deveriam porque tem uma classe política municipal interceptando grande parte dos benefícios. Entre os culpados estão as eleições, que acontecem a cada dois anos. A eleição municipal serve para eleger prefeitos e vereadores para fazer base. A estadual, para colher os votos.

Gabinete de crises

Ao considerar que o trabalho é a principal necessidade do município, o prefeito deve criar um gabinete de crises para controlar o fluxo de desempregados. Um cidadão desempregado é prejuízo para o município, uma vez que se torna um elemento consumidor improdutivo. Mesmo desempregado ele segue a consumir, porém em menor escala. Ainda que consuma, mas sem a sua contribuição com a cadeia, ele estará comprometendo o trabalho de terceiros, porque desempregado poderá gerar risco ao comércio e ao sistema financeiro municipal, com possíveis inadimplências, além de reduzir a velocidade da ordem tributária e até a segurança pública, porque o homem desempregado pode se tornar perigoso na hora da necessidade extrema. Nesse caso, o emprego torna-se a principal responsabilidade do prefeito.

O mundo está se acabando no município e o prefeito segue fazendo festas e inaugurando obras. Sabe lá ele que benefício tais obras irão proporcionar aos munícipes. Pobreza alarmante, miséria escancarada, mas abafada pelo alento do PIB concentrado em mãos de meia dúzia, diluída entre todos em média satisfatória para o status de cidade próspera.

A postura republicana do município transporta o prefeito para um mundo imaginário. Deixa de se sentir um reles mortal para ver o seu semelhante de cima para baixo. Salvo exceções, como podemos tomar de exemplo recente a cidade de Colatina (ES), ao eleger prefeito o inexpressivo Sérgio Meneguelli, hoje deputado estadual. Ao invés de posar de almofadinha engravatado, Meneguelli ia a campo e metia a mão na massa, literalmente, pilotava carrinho de mão, arrastava terra com enxada e fazia massa para pedreiro. Hoje a maioria dos prefeitos pousam de presidente da república municipal, sem perceber que não passam de um gari engravatado. Sem exceção, a limpeza pública é a principal atividade desempenhada. Há casos de ser a única.

Exemplos como o do ex-prefeito de Colatina vez ou outra são utilizados como estereótipo ou ruptura da monotonia para criar um fato novo. Contudo, de longe essa prática não tem servido para seduzir a classe política e, assim, puxar seguidores para um novo modelo de governança pública municipal, porque a metodologia segue a mesma em linha vertical, da capital federal, passando pelos governos de estados até os municípios.

Pirâmide normal	Pirâmide invertida
Distribuição do poder	Distribuição do dinheiro
União	União
Estados	Estados
Municípios	Municípios

Dinheiro fácil

A ordem do sonho liberal brasileiro é que a classe política não interfira nas ações da iniciativa privada, à qual foi incumbida a missão dos investimentos no setor produtivo de bens de consumo e gerador de riquezas. Entretanto, em um país de dimensões continentais e com tanta facilidade de captação de dinheiro no meio político, o setor produtivo tornou-se uma alternativa pouco atrativa para os investidores. Isso não é exclusividade do Brasil e parece ser até uma coqueluche continental, uma vez que os vizinhos da Argentina padecem do mesmo mal, como relatava a ensaísta e reitora da Universidade de Lanus, na Argentina, Ester Diaz. Segundo ela, prefeitos de pequenas cidades do seu país promovem verdadeiras caravanas de mendigos rumo à Casa Rosada, em busca de dinheiro para bancar suas despesas, as quais não dão conta de administrar.

O professor e sociólogo Gary Gereffi, da Universidade de Notre Dame, de Indianápolis (EUA), editou um artigo, que saiu em vários veículos, inclusive do Brasil, relatando o despautério das cadeias produtivas da América Latina. Entre os pontos destacados cita os agricultores da América Central, que apesar do esforço excessivo não conseguem um preço justo pela produção de alimentos porque os governantes não tomam paternidade na proteção dos agricultores, deixando-os vulneráveis nas mãos dos atravessadores. O mesmo fora constatado em países da América do Sul, como Paraguai, Bolívia e, inclusive, Brasil.

O professor enxerga como um desestímulo ao esforço no combate à fome no mundo. O texto é complementado citando regiões do Brasil onde a disponibilidade de terra é vasta e, no entanto, há multidões de desocupados e escassez de alimento nas pequenas cidades.

Gereffi vai ainda mais além, quando cita o descaso do Brasil com o reaproveitamento de parte dos resíduos sólidos, que está muito aquém do desejado, o que tem aniquilado o parque industrial brasileiro, que padece com a concorrência de produtos reciclados da Ásia.

No Brasil, principalmente nas pequenas cidades, os políticos preferem enterrar o lixo do que reciclar. A coleta e o transporte do lixo é uma fonte de renda extra e os políticos não abrem mão.

A instituição de um gabinete de crises abriria margem para o surgimento de frentes de produtividade, inclusive com o aproveitamento de resíduos sólidos entre outros recursos naturais para a indústria manufatureira, que não exija tecnologia sofisticada, mas que garanta a absorção da mão de obra ociosa.

Hoje o maquinário disponível no mercado permite a qualquer município produzir móveis, estofados, material de construção e embalagens a partir de materiais de descarte. Não é necessário que o município seja um Estado empresário. Basta dar a estrutura inicial e depois abrir extensão à iniciativa privada. Está na hora de o Brasil voltar ao século XVIII e promover a sua Revolução Industrial. Não se trata de comunismo ou socialismo, como muitos temem. Trata-se da moderna social-democracia, com um Estado necessário e responsável.

No Brasil já houve privatizações bem-sucedidas, mas também alguns desastres. Tanto eficiência quanto incompetência povoam os dois lados.

REFERÊNCIAS

ALVES, Cleide. Estradas de ferro: livro resgata a história da Great Western do Brasil. *JC Online*, [*s. l.*], 7 jul. 2016.

ARISTÓTELES. *Política*. São Paulo: Editora Lafonte, 2014.

CAPITANI, Avelino Bioen. *Rebelião dos Marinheiros*. [*S. l.*]: Expressão Popular, 1997.

DALLARI, Dalmo de Abreu. *Elementos de Teoria Geral do Estado*. São Paulo: Editora Saraiva, 2017.

FERNANDO, Jorge. *Cale a boca, jornalista*. Petrópolis: Vozes, 1989.

GABEIRA, Fernando. *Democracia tropical*: caderno de um aprendiz. São Paulo: Estação Brasil, 2017.

GALEANO, Eduardo. As veias abertas da América Latina. Rio de Janeiro: Paz e Terra, 1989.

GOMES, Luiz Flávio; GAZOTO, Luís Wanderley. *Populismo penal legislativo*. Salvador: Editora Juspodivm, 2019.

HAJE, Lara. Valor de venda de refinaria da Petrobras é questionado em debate; TCU ainda avalia preço. *Agência Câmara de Notícias*, [*s. l.*], 1 jun. 2021.

MARX, Karl. *O capital*: livros 1, 2, 3. Edição resumida. [*S. l.*]: Novos Rumos, 1988.

MARX, Karl; ENGELS, Friedrich. *Manifesto do Partido Comunista*. [*S. l.*]: Partido Comunista do Brasil, 1986.

MELLO FRANCO, Bernardo. *Mil dias de tormenta*: a crise que derrubou Dilma e deixou Temer por um fio. Rio de Janeiro: Objetiva, 2017.

PADRE LAGE. *O padre do Diabo*: a igreja ausente na hora de mudar. [*S. l.*]: EMW Editores, 1988.

RIBEIRO JR, Amaury. *A privataria tucana*. São Paulo: Geração Editorial, 2011.

WARDE, Walfrido. *O espetáculo da corrupção*: como um sistema corrupto e o modo de combatê-lo estão destruindo o Brasil. [*S. l.*]: Casa da Palavra, 2018.

Outras fontes consultadas:

Correio do Sul – Porto Seguro (BA)

Folha de Santa Cruz – Sul da Bahia

Semanário – Porto Seguro (BA)

Revista Debate – Ilhéus - BA

Diário A Tarde – Salvador (BA)

Diário Tribuna da Bahia – Salvador (BA)

Diário Correio da Bahia – Salvador (BA)

Diário de Guarulhos – Guarulhos (SP)

Folha Metropolitana – Guarulhos (SP)

Olho Vivo – Guarulhos (SP)

Correio Paulistano – São Paulo (SP)

Jornal do Brás – São Paulo (SP)

Tribuna Paulista – Guarulhos (SP)

Dois Pontos – Natal (RN)

Diário Poty – Natal (RN)

Semanário Notícias da Cidade – Guarulhos (SP)

Rádio Metropolitana – Guarulhos (SP)

Reticências (Pedro Notário) – Guarulhos (SP)

FolhaPop (Lourival Jacome) – Eunápolis (BA)

Portal Uol – Universo On Line

Wikipédia, a enciclopédia livre – "Chaebol"; "Keiretsu"; "Tigres Asiáticos"